Grundwissen
Fälle
Karteikarten | **POCKET**

STRAFRECHT BT I

- Diebstahl
- Betrug
- Unterschlagung
- Computerbetrug
- Raub
- (Räuberische) Erpressung

Sebastian M. Knell
Dr. Dirk Schweinberger
1. Auflage 2015

Herr **Sebastian M. Knell** war Jura Intensiv Kursteilnehmer in Frankfurt a. M und schloss bereits die staatliche Pflichtfachprüfung mit Prädikat ab. Er studierte an der Ruprecht-Karls Universität Heidelberg, sowie an der Goethe-Universität Frankfurt a.M. Ein Semester absolvierte er an dem Mt. San Antonio College in Walnut, Los Angeles County. Der Autor ist ehem. Stipendiat der Studienstiftung des deutschen Volkes und des Deutschland-Stipendiums der Goethe-Universität. Derzeit arbeitet Herr Knell als wissenschaftlicher Mitarbeiter in einer namhaften internationalen Wirtschaftskanzlei in Frankfurt a.M.

Herr **Dr. Dirk Schweinberger** ist Assessor und Franchisenehmer des Repetitoriums **JURA INTENSIV** in Frankfurt, Gießen, Heidelberg, Mainz, Marburg und Saarbrücken. Er wirkt seit über 15 Jahren als Dozent des Repetitoriums und ist Redakteur der Ausbildungszeitschrift RA – Rechtsprechungs-Auswertung. Ferner ist er Autor der Skripte Strafrecht AT I und II sowie Arbeitsrecht aus der **JURA INTENSIV** Skriptenreihe.

Autoren
Sebastian M. Knell & Dr. Dirk Schweinberger

Verlag und Vertrieb
Jura Intensiv Verlags UG (haftungsbeschränkt) & Co. KG
Zeil 65
60313 Frankfurt am Main
verlag@jura-intensiv.de
www.jura-intensiv.de

Verlagslektorin
Ines Susen

Konzept und Gestaltung
Stefanie Körner

Druck und Bindung
Copyline GmbH, Albrecht-Thaer-Straße 10, 48147 Münster

ISBN 9-783-9421-7437-4

Dieses Skript oder Teile dieses Skriptes dürfen nicht vervielfältigt, in Datenbanken gespeichert oder in irgendeiner Form übertragen werden ohne die schriftliche Genehmigung des Verlages.

© 2015 Jura Intensiv Verlags UG & Co. KG

VORWORT

Diese Lernhilfe richtet sich insbesondere an Studienanfänger der Rechtswissenschaft, sowie an diejenigen, die sich auf die „fortgeschrittene Übung" vorbereiten. Der Leser erhält einen kompakten Überblick, der zu einem schnellen Einstieg in das Gebiet der Vermögensdelikte dient.
Dabei wurde besonderer Wert auf die folgenden Aspekte gelegt:

- **Materielles Recht**
  Das Skript vermittelt die Grundlagen des Besonderen Teils im StGB und behandelt die in diesem Zusammenhang wichtigsten Straftatbestände und stellt die gängigen Meinungsstreitigkeiten dar.

- **Strukturierte Übung am Fall**
  Die klausurrelevantesten Straftatbestände werden dem Leser zunächst abstrakt erläutert und anschließend konsequent in Fällen bearbeitet. Innerhalb jeder Falllösung wird großer Wert auf eine gelungene Schwerpunktsetzung gelegt. Der Schwierigkeitsgrad der Fälle variiert und reicht vom einführenden Übungsfall bis hin zum Schwierigkeitsgrad, wie er in universitären Klausuren der „fortgeschrittenen Übung" vorkommt.

- **Gutachtenstil**
  Die Beherrschung des juristischen Gutachtenstils ist für das Erstellen einer Klausur elementar. Daher ist jede Falllösung streng im Gutachtenstil formuliert.

- **Definitionen**
  Die elementarsten Definitionen finden nicht nur im Skript Berücksichtigung, sondern können mit dem dazugehörigen digitalen Karteikartensatz auch schnell wiederholt werden.

Didaktisches Ziel dieses Pockets ist es, Klausurwissen und Klausurtechnik zu vermitteln. Für vertiefende Studien sei daher die Skriptenreihe von **JURA INTENSIV** im Strafrecht empfohlen. Herr Dr. Schweinberger und ich wünschen Ihnen viel Erfolg bei der Arbeit mit diesem Skript.
Für Anregungen, Verbesserungsvorschläge und Kritik sind wir besonders dankbar. Sie erreichen uns im Internet unter **www.jura-intensiv.de** und per E-Mail über **verlag@jura-intensiv.de**.

Sebastian Knell   *Dr. Dirk Schweinberger*

INHALT

DIEBSTAHL 1

A. Einführung 1

B. Der Tatbestand des Diebstahls, § 242 StGB 3

Fall 1: Die Holzskulptur 4
Problemschwerpunkt: Grundlagen; Indizwirkung des § 243 4

Fall 2: Weg war das Zahngold 15
Problemschwerpunkt:
Fremdheit; Abgrenzung untauglicher Versuch/Wahndelikt 15

Fall 3: Drogen im Bahnhofsviertel 20
Problemschwerpunkt: Eigentum an Drogen;
Gewahrsam Bewusstloser 20

Fall 4: Ein Besuch bei „Coffee-Place" 30
Problemschwerpunkt: Zueignungsobjekt und Sachwerttheorie 30

BETRUG 40

A. Einführung 40

B. Der Tatbestand des Betrugs, § 263 StGB 41

Fall 5: Smart-Phones und Provisionsvertreter 43
Problemschwerpunkt: Persönlicher Schadeneinschlag;
Stoffgleichheit 43

DIE ABGRENZUNG VON DIEBSTAHL UND BETRUG 58

A. Einführung 58

Fall 6: Hochzeit in Malibu 60
Problemschwerpunkt: Verfügungsbewusstsein 60

B. Vertiefung 65

UNTERSCHLAGUNG — 66

A. Einführung — 66

B. Der Tatbestand der Unterschlagung, § 246 StGB — 67

Fall 7: Die DVD — 67
Problemschwerpunkt: Manifestationstheorien — 67

Fall 8: Verwahrt, verschwiegen, versteigert — 70
Problemschwerpunkt: Wiederholte Zueignung — 70

COMPUTERBETRUG — 87

A. Einführung — 87

B. Der Tatbestand des Computerbetrugs, § 263a StGB — 88

Fall 9: Billig eingekauft? — 89
Problemschwerpunkt: Der Selbst-Scan-Fall — 89

RAUB UND (RÄUBERISCHE) ERPRESSUNG — 96

A. Einführung — 96

B. Der Tatbestand der Erpressung, § 253 StGB — 98

C. Die Qualifikation der räuberischen Erpressung, § 255 StGB — 100

D. Der Tatbestand des Raubes, § 249 StGB — 101

E. Die Qualifikation des § 250 StGB — 102

F. Die Erfolgsqualifikation des § 251 StGB — 104

G. Die Abgrenzung von Raub und räuberischer Erpressung — 105

Fall 10: Aktienspekulationen und ihre Folgen — 106
Problemschwerpunkt: Abgrenzung §§ 249, 255; Scheinwaffe — 106

H. Der räuberische Diebstahl — 113

STICHWORTVERZEICHNIS — 116

DIEBSTAHL

A. Einführung

Der Diebstahl (geregelt in § 242 StGB) ist das bedeutendste Delikt gegen das Eigentum. Geschützt wird das Eigentum gegen Angriffe durch Wegnahme. § 242 StGB ist der Grundtatbestand der Diebstahlsdelikte. § 242 StGB ist ein Offizialdelikt, d.h. es wird von Amts wegen verfolgt, ausnahmsweise ist gem. § 247 StGB, § 248a StGB ein Strafantrag erforderlich, der jedoch im Fall des § 248a StGB durch die Bejahung des besonderen öffentlichen Interesses an der Strafverfolgung durch die Staatsanwaltschaft ersetzt werden kann. Qualifikationstatbestände des § 242 StGB sind § 244 StGB und § 244a StGB, wohingegen § 243 StGB eine Strafzumessungsregel nach der Regelbeispielsmethode ist.

Die verschiedenen Tatbestände

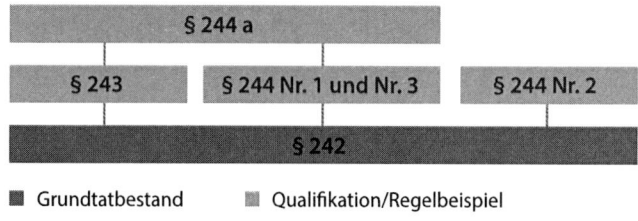

■ Grundtatbestand   ■ Qualifikation/Regelbeispiel

> **KLAUSURHINWEIS**
> Dieser Unterschied ist für den Aufbau des Gutachtens bedeutsam: Die Qualifikation wird im Tatbestand geprüft, das Regelbeispiel hingegen nach der Schuld im Bereich der Strafzumessung.

Geschütztes Rechtsgut des § 242 StGB ist das **Eigentum**. Da bei einer Wegnahme § 935 BGB einem Eigentumswechsel i.d.R. entgegensteht, ist folglich nicht das dingliche Eigentumsrecht geschützt, sondern das durch § 903 BGB geschützte Recht, faktisch mit der Sache nach Belieben zu verfahren und andere von jeder Einwirkung auszuschließen. Nach verbreiteter Ansicht schützt § 242 StGB zusätzlich auch den **Gewahrsam**. Dies hätte Konsequenzen für die Strafantragsbefugnis des Verletzten (§ 77 StGB, § 247 StGB, § 248a StGB), da dann bei einem Auseinanderfallen

Das geschützte Rechtsgut

von Eigentum und Gewahrsam auch ein Antrag des durch die Tat verletzten Gewahrsamsinhabers ausreichend wäre. Auch z.B. dem bloßen Entleiher einer Sache die Antragsbefugnis einzuräumen, ist jedoch wenig überzeugend. Das **Vermögen** als Ganzes wird durch § 242 StGB nicht geschützt, es kommt also (anders als bei § 253 StGB, § 263 StGB, § 266 StGB) weder auf eine (beabsichtigte) Entreicherung des Eigentümers noch auf eine (beabsichtigte) Bereicherung des Täters oder eines Dritten an. Deshalb kann sich die Zueignungsabsicht auch auf objektiv wertlose Gegenstände beziehen.

Das Verhältnis zu anderen Delikten

§ 249 StGB (Raub) und § 252 StGB (räuberischer Diebstahl) sind selbstständige Tatbestände und keine Qualifikationen des Diebstahls. Diebstahlsähnliche (aber selbstständige) Delikte sind die § 248b StGB, § 248c StGB, § 290 StGB. Auch die Unterschlagung, § 246 StGB, als Auffangtatbestand ist ein eigenständiger Tatbestand.

Die Tatbestandsvoraussetzungen

§ 242 StGB setzt im objektiven Tatbestand die Wegnahme einer fremden beweglichen Sache voraus. Subjektiv ist neben dem entsprechenden Vorsatz Zueignungsabsicht erforderlich, wobei die beabsichtigte Zueignung objektiv und subjektiv rechtswidrig sein muss. Da der Diebstahl (§ 242 StGB) objektiv keine Zueignung voraussetzt, ist er ein Delikt mit überschießender Innentendenz bzw. ein erfolgskupiertes Delikt.

Vollendung und Beendigung

MERKSATZ
Der Diebstahlstatbestand hat objektiv weniger Voraussetzungen als subjektiv, weil der subjektiv verlangten Zueignungsabsicht nicht das objektive Merkmal der Zueignung korrespondiert. Dadurch fallen bei § 242 StGB Vollendung (durch die Wegnahme in Zueignungsabsicht) und die Beendigung (gesicherter Gewahrsam) auseinander.

B. Der Tatbestand des Diebstahls, § 242 StGB

PRÜFUNGSSCHEMA

I. Tatbestand
  1. Fremde bewegliche Sache
  2. Wegnahme
     a) Bestehen fremden Gewahrsams
     b) Begründung neuen Gewahrsams
     c) Gewahrsamsbruch
  3. Vorsatz bzgl. 1. und 2.
  4. Absicht rechtswidriger Zueignung
     a) Zueignungsabsicht
        aa) Aneignungsabsicht
        bb) Enteignungswille
     b) Rechtswidrigkeit der beabsichtigten Zueignung
     c) Vorsatz bzgl. b.
II. Rechtswidrigkeit
III. Schuld
IV. Besonders schwerer Fall, § 243

I. GRUNDLAGEN

Die Rechtswidrigkeit der beabsichtigten Zueignung muss (als objektive Komponente) nach der subjektiven Komponente der Zueignungsabsicht geprüft werden. Erst wenn festgestellt wurde, worauf sich denn die beabsichtigte Zueignung konkret bezieht, kann auf die Frage eingegangen werden, ob diese erstrebte Zueignung rechtswidrig war.

> **KLAUSURHINWEIS**
> Die Unterteilung des Tatbestands in „1. Objektiver Tatbestand" und „2. Subjektiver Tatbestand" wurde hier unterlassen, ist aber weit verbreitet. Wenn dies von Ihrem Prüfer vor Ort gewünscht wird, dann wären die Punkte 1. und 2. dem objektiven und die Punkte 3. und 4. dem subjektiven Tatbestand zuzuordnen. Beachten Sie aber, dass z.B. unter 4. b. die objektive (!) Rechtswidrigkeit der erstrebten Zueignung zu prüfen ist, was die Überschrift „2. Subjektiver Tatbestand" an sich schon als fragwürdig erscheinen lässt.

Objektiver und subjektiver Tatbestand

Die Grundlagen des Diebstahls werden im Folgenden zunächst am Einführungsfall „Die Holzskulptur" herausgearbeitet. Auch finden Sie hier schon Grundlegendes zur Prüfung eines Regelbeispiels.

SACHVERHALT

FALL 1: DIE HOLZSKULPTUR
Problemschwerpunkt: Grundlagen; Indizwirkung des § 243

S hat bereits früh erlernt, wie man mit einem Dietrich in Häuser gelangt. Da er sich permanent in Geldnot befindet, hat er bereits mehrmals kleinere Skulpturen aus Museen und anderen Galerien entwendet.

An einem Sommerabend im August läuft er an der Privatgalerie des M vorbei, welcher sich derzeit auf Geschäftsreise in San Diego befindet. Da er seinen Dietrich immer dabei hat, beschließt er, in die Privatgalerie einzubrechen und eine der Skulpturen mitzunehmen. Mit dem Dietrich verschafft er sich Zugang zu der Privatgalerie, welche sich unmittelbar neben dem Haus des M befindet. S erblickt einen Tresor in der Ecke der Galerie. Den Tresorschlüssel fand S unter einem Blumentopf in dem kleinen durch eine Trennwand abgegrenzten Arbeitszimmer des M. S öffnete den Tresor mit besagtem Schlüssel, ergriff die sich darin befindliche 50 cm-große Holzskulptur und verschwand.

Strafbarkeit des S?

Bearbeitervermerk:
Die §§ 123, 246 und 303 StGB sind nicht zu prüfen.

LÖSUNG

A. Strafbarkeit gem. §§ 242 I, 243 I 2 Nr. 1, 2, 3, 5 StGB

S könnte sich wegen Diebstahls in besonders schwerem Fall gem. §§ 242 I, 243 I 2 Nr. 1, 2, 3, 5 StGB strafbar gemacht haben, indem er die Holzskulptur aus der Privatgalerie des M entwendete.

I. TATBESTAND

1. Fremde bewegliche Sache

Das Tatobjekt

Zunächst müsste es sich bei der Holzskulptur um eine fremde bewegliche Sache handeln.

> **DEFINITION**
> **Sache** im Sinne von § 242 I ist jeder körperliche Gegenstand.
> **Beweglich** ist eine Sache, wenn sie tatsächlich fortgeschafft werden kann.
> **Fremd** ist eine Sache, wenn sie zumindest auch im Eigentum einer anderen Person steht.

Bei der Skulptur handelt es sich um eine bewegliche Sache. Die Holzskulptur stand vorliegend im Eigentum des M, sodass sie für S fremd war. Folglich stellt die Skulptur ein taugliches Tatobjekt für den Diebstahl durch S dar.

2. Wegnahme
Des Weiteren müsste S die Skulptur auch weggenommen haben.

> **DEFINITION**
> **Wegnahme** ist der Bruch fremden und die Begründung neuen, nicht notwendig tätereigenen, Gewahrsams.

Die Tathandlung

a) Fremder Gewahrsam
Zunächst müsste zum Tatzeitpunkt fremder Gewahrsam an der Holzskulptur bestanden haben.

> **DEFINITION**
> **Gewahrsam** ist die tatsächliche Sachherrschaft eines Menschen über eine Sache, getragen von einem natürlichen Herrschaftswillen, wobei deren Vorliegen nach der Verkehrsanschauung zu beurteilen ist.
> **Tatsächliche Sachherrschaft** besteht, wenn der unmittelbaren Verwirklichung des Einwirkungswillens auf die Sache keine Hindernisse entgegenstehen.
> **Herrschaftswille** ist der Wille, mit der Sache nach eigenem Belieben verfahren zu können.

Vorliegend kommt ein Gewahrsam des M an den in seiner Galerie befindlichen Sachen in Betracht. Der Eigentümer eines Hauses hat grundsätzlich an allen sich darin befindlichen Gegenständen Gewahrsam. M befand sich allerdings auf einer Geschäftsreise in den USA. Gewahrsam besteht

Sog. Gewahrsamslockerung

jedoch auch an entfernten Dingen, solange der tatsächlichen Einwirkungsmöglichkeit keine Hindernisse entgegenstehen. Auch eine längere Abwesenheit, wie ein Krankenhausaufenthalt oder eine Reise führt nicht zum Verlust des Gewahrsams. Es besteht lediglich gelockerter Gewahrsam. Mithin war M im Tatzeitpunkt noch Gewahrsamsinhaber, sodass für S fremder Gewahrsam an der Skulptur bestand.

b) Bruch fremden und Begründung neuen Gewahrsams
Weiterhin müsste S den fremden Gewahrsam des M gebrochen und neuen Gewahrsam an der Holzskulptur begründet haben.

> **DEFINITION**
>
> **Fremder Gewahrsam** wird gebrochen, wenn die Gewahrsamsverschiebung (die Aufhebung des fremden und Begründung neuen Gewahrsams) ohne oder gegen den Willen des bisherigen Gewahrsamsinhabers erfolgt.
>
> Der Täter hat **neuen Gewahrsam** begründet, wenn er oder ein Dritter die Sachherrschaft derart erlangt hat, dass er sie ohne Behinderung durch den früheren Gewahrsamsinhaber ausüben und dieser seinerseits ohne Beseitigung der Sachherrschaft des Täters nicht mehr über die Sache verfügen kann.

Spätestens durch das Entfernen der Skulptur aus der Galerie des M hat S gegen, zumindest jedoch ohne den Willen des M, dessen noch fortbestehenden Gewahrsam aufgehoben und neuen Gewahrsam begründet. Folglich ist eine Wegnahme gegeben.

> **KLAUSURHINWEIS**
> An dieser Stelle können Sie sich kurz fassen, da insoweit keine Probleme vorliegen.

3. Vorsatz bezüglich 1. und 2.
Die subjektiven Komponenten

S handelte sowohl hinsichtlich der fremden beweglichen Sache, als auch der Wegnahme mit dolus directus 1. Grades, mithin vorsätzlich.

4. Absicht rechtswidriger Zueignung
Weiterhin müsste S auch in der Absicht rechtswidriger Zueignung gehandelt haben.

a) Zueignungsabsicht
S müsste mit Zueignungsabsicht gehandelt haben.

> **DEFINITION**
> Die **Zueignungsabsicht** beinhaltet zwei Komponenten. Die Absicht zur zumindest vorübergehenden Aneignung und den (Eventual-) Vorsatz zur dauerhaften Enteignung. Diese müssen kumulativ vorliegen, damit eine Zueignungsabsicht bejaht werden kann.

aa) Aneignungsabsicht
Dazu müsste S zunächst mit Aneignungsabsicht gehandelt haben.

> **DEFINITION**
> **Aneignungsabsicht** ist die Absicht, die Sache selbst oder den in ihr verkörperten Sachwert wenigstens vorübergehend dem eigenen Vermögen oder dem Vermögen eines Dritten einzuverleiben.

Vorliegend wollte S die Holzskulptur zumindest vorrübergehend dem eigenen Vermögen einverleiben bis er einen Abnehmer findet und somit den Wert der Skulptur seinem Vermögen hinzufügen.

bb) Enteignungsvorsatz
Des Weiteren müsste S mit Enteignungsvorsatz gehandelt haben.

> **DEFINITION**
> **Enteignungsvorsatz** ist der Wille, den Berechtigten auf Dauer aus seiner Eigentümerposition zu verdrängen, d.h. ihm die Sache selbst oder den in ihr verkörperten Sachwert auf Dauer zu entziehen.

> **MERKSATZ**
> **Aneignungsabsicht** = dolus directus 1. Grades erforderlich
> **Enteignungsvorsatz** = dolus eventualis ausreichend
>
> Hierzu eine Eselsbrücke:
> <u>v</u>orrübergehende <u>A</u>neignung = <u>v</u>olle <u>A</u>bsicht
> <u>d</u>auerhafte <u>E</u>nteignung = <u>d</u>olus <u>e</u>ventualis

Wichtig: Die unterschiedlichen Anforderungen an die beiden Komponenten der Zueignung

S hatte nicht vor, dem M die Holzskulptur zurückzugeben, was insbesondere seine Intention zeigt, die Skulptur an Abnehmer zu verkaufen, um so an Geld zu gelangen. Folglich handelte S auch mit dem erforderlichen Enteignungsvorsatz, sodass insgesamt Zueignungsabsicht gegeben ist.

b) Rechtswidrigkeit der Zueignung und Vorsatz diesbezüglich
Zudem müsste die beabsichtigte Zueignung auch rechtswidrig gewesen sein und S mit Vorsatz diesbezüglich gehandelt haben.

> **DEFINITION**
> **Rechtswidrig** ist die vom Täter beabsichtigte **Zueignung** dann, wenn der Täter keinen fälligen und durchsetzbaren Anspruch auf Übereignung der weggenommenen Sache (und kein Aneignungsrecht an dieser) hat.

S hatte keinen Anspruch auf Übereignung der Holzskulptur, sodass die von ihm beabsichtigte Zueignung auch rechtswidrig war und dies wusste und wollte er auch.

II. RECHTSWIDRIGKEIT UND SCHULD
S handelte auch rechtswidrig und schuldhaft.

III. REGELBEISPIEL, § 243 I 2 Nr. 1, 2, 3, 5 StGB

Das Regelbeispiel als reine Strafzumessungsregel

S könnte des Weiteren ein Regelbeispiel des Diebstahls gem. § 243 I 2 StGB verwirklicht haben.

PRÜFUNGSSCHEMA

1. Obj. Voraussetzungen
2. Vorsatzähnliches Bewusstsein (oder „Quasi-Vorsatz")
3. u.U. besondere Absichten
   (z.B. bei Nr. 1: „zur Ausführung der Tat")
4. Indizwirkung
   a) zwingender Ausschluss bei Abs. 2 (nicht bzgl. Nr. 7!)
   b) fakultativer Ausschluss (besondere Hinweise im Sachverhalt nötig)

1. Voraussetzungen des § 243 I StGB
a) § 243 I 2 Nr. 1 StGB
aa) Gebäude

Dazu müsste es sich bei der Privatgalerie des M zunächst um ein Gebäude i.S.d. § 243 I 2 Nr. 1 StGB handeln.

> **DEFINITION**
> **Gebäude** sind durch Wände und Dach begrenzte, mit Grund und Boden fest verbundene Bauwerke, die den Eintritt von Menschen ermöglichen.

Bei der Galerie des M handelt es sich um ein Gebäude, sodass eine der genannten Räumlichkeiten betroffen ist.

> **KLAUSURHINWEIS**
> An dieser Stelle genügt ein kurzer Satz im Urteilstil.

bb) Eindringen mit einem nicht zur ordnungsgemäßen Öffnung bestimmten Werkzeug

S hat sich mit einem Dietrich Zugang zur Galerie des M verschafft, sodass er mit einem nicht zur ordnungsgemäßen Öffnung bestimmten Werkzeug eingedrungen sein könnte.

> **DEFINITION**
> Nicht zur ordnungsgemäßen Öffnung bestimmte Werkzeuge i.S.v. § 243 I 2 Nr. 1 StGB sind alle Geräte, die geeignet sind, die Verschlussmechanismen ordnungswidrig in Bewegung zu setzen und damit „zu überlisten".

Der von S verwendete Dietrich stellt ein derartiges Werkzeug dar.

> **DEFINITION**
> **Eindringen** bedeutet das Hineingelangen mit zumindest einem Teil des Körpers.

S hat die Galerie mit seinem gesamten Körper betreten. Mithin ist er mit einem nicht zur ordnungsgemäßen Öffnung bestimmten Werkzeug eingedrungen.

cc) Quasi-Vorsatz
Schließlich müsste S diesbezüglich mit vorsatzähnlichem Bewusstsein, d.h. mit Quasi-Vorsatz gehandelt haben. S kannte alle Umstände der Tat, sodass Quasi-Vorsatz gegeben ist.

> **KLAUSURHINWEIS**
> Bei den Merkmalen des § 243 I StGB handelt es sich nicht um Tatbestandsmerkmale, sondern um Regelbeispiele des Diebstahls, sodass ein vorsatzähnliches Bewusstsein, bzw. Quasi-Vorsatz vorliegen muss.

dd) Zur Ausführung der Tat
S ist auch zur Ausführung des Diebstahls in die Privatgalerie des M eingedrungen, sodass das Regelbeispiel des § 243 I 2 Nr. 1 StGB verwirklicht wurde.

ee) Indizwirkung
Unterschied zur echten Qualifikation: Bloße Indizwirkung

Hinweise, welche die Indizwirkung des Regelbeispiels ausschließen könnten, sind dem Sachverhalt nicht zu entnehmen.

b) § 243 I 2 Nr. 2
Des Weiteren könnte S durch den Diebstahl der Holzskulptur aus dem Tresor eine Sache gestohlen haben, die durch ein verschlossenes Behältnis gegen Wegnahme besonders gesichert ist.

> **DEFINITION**
> Ein **verschlossenes Behältnis** i.S.v. § 243 I 2 Nr. 2 ist nur ein Raumgebilde, das gerade in Abgrenzung zu den in § 243 I 2 Nr. 1 StGB genannten Raumgebilden, nicht zum Betreten von Menschen bestimmt ist.

Der vorliegende Tresor dient zur Sicherung der darin aufbewahrten Holzskulptur gegen Diebstahl und war auch durch den M verschlossen, sodass mit diesem verschlossenen Behältnis eine Schutzvorrichtung im Sinne der Vorschrift gegeben ist.

Fraglich ist jedoch, wie es sich verhält, dass der S den Tresor mit dem dafür vorgesehenen Schlüssel, den er im Nebenzimmer der Galerie gefunden hat, aufschließt und daraufhin die Skulptur entnimmt.

Das Regelbeispiel setzt dem Wortlaut nach voraus, dass das Behältnis verschlossen ist. Zusätzliche Sicherungen, wie das Wegschließen des dazugehörigen Schlüssels sind der Vorschrift nicht zu entnehmen. Die gesteigerte kriminelle Energie des Täters liegt in der Überwindung der besonderen Sicherung. Wie er das bewirkt ist mithin nicht ausschlaggebend. Dass es auf eine besondere Gestaltung der Tathandlung nicht ankommt zeigt auch der Vergleich mit § 243 I 2 Nr. 1 StGB. Folglich steht der Annahme des Regelfalls nach § 243 I 2 Nr. 2 StGB nicht entgegen, wenn der Verschluss, wie vorliegend, mit dem dafür vorgesehenen Schlüssel geöffnet wird. Etwas anderes kann lediglich dann angenommen werden, wenn der Schlüssel des Tresors direkt im Schloss steckt oder als erkennbar dazugehöriger Schlüssel sich unmittelbar neben dem Tresor befindet. Dies ist vorliegend jedoch nicht der Fall. S fand den Schlüssel in einem durch eine Trennwand abgegrenztem Büroraum des M, versteckt unter einem Blumentopf, sodass dieser dem S nicht leicht zugänglich war. S handelte diesbezüglich auch mit Quasi-Vorsatz, sodass das Regelbeispiel des § 243 I 2 Nr. 2 StGB verwirklicht wurde.

> Hierzu sehr lesenswert: KG Berlin, 28.11.2011, 1 Ss 465/11, RA 2012, 293, JuS 2012, 468; mit Anmerkung v. Bachmann/Goeck in ZJS 2/2012, 280

Weitere Hinweise, welche die Indizwirkung des Regelbeispiels ausschließen könnten, sind dem Sachverhalt nicht zu entnehmen.

c) § 243 I 2 Nr. 3 StGB

S könnte zudem gewerbsmäßig gehandelt haben, § 243 I 2 Nr. 2 StGB.

DEFINITION
Gewerbsmäßig handelt, wer sich durch wiederholte Begehung eine fortlaufende Einnahmequelle von gewissem Umfang und einiger Dauer verschaffen will.

S wollte, wie er es auch vorher bereits getan hatte, wiederholt Diebstähle begehen und sich hierdurch auch eine erhebliche Einnahmequelle verschaffen, sodass ein gewerbsmäßiger Diebstahl i.S.d. § 243 I 2 Nr. 3 StGB gegeben ist.
Hinweise, welche die Indizwirkung des Regelbeispiels ausschließen könnten, sind dem Sachverhalt nicht zu entnehmen.

d) § 243 I 2 Nr. 5 StGB
Schließlich könnte S das Regelbeispiel des § 243 I 2 Nr. 5 StGB verwirklicht haben.

> **DEFINITION**
> Von Bedeutung für Wissenschaft, Kunst, Geschichte oder für die technische Entwicklung ist eine Sache, wenn ihr Verlust eine spürbare Einbuße, wenn auch nur für einen lokalen Bereich oder eine Teildisziplin, darstellen würde. Allerdings ist erforderlich, dass sich die betroffenen Gegenstände in einer allgemein zugänglichen Sammlung befinden oder öffentlich ausgestellt sind. Reine Privatsammlungen sind nicht vom Schutzbereich des § 243 I 2 Nr. 5 StGB erfasst.

Vorliegend handelt es sich bei der Holzskulptur zwar um eine Sache, die für die Kunst von Bedeutung ist. Allerdings befand sich die Skulptur in der Privatgalerie des M und war folglich nicht allgemein zugänglich oder öffentlich ausgestellt. S hat demnach das Regelbeispiel des § 243 I 2 Nr. 5 StGB nicht verwirklicht.

2. Keine geringwertige Sache, § 243 II StGB
Die Tat dürfte sich nicht auf eine geringwertige Sache beziehen, § 243 II StGB. Vorliegend ist, indiziert durch die Sicherung mittels des Tresors, davon auszugehen, dass die gestohlene Holzskulptur einen erheblichen Wert hat, sodass das Vorliegen eines besonders schweren Falls auch nicht gem. § 243 II StGB ausgeschlossen ist.

IV. ERGEBNIS
Mithin hat sich S wegen Diebstahls in besonders schwerem Fall gem. §§ 242 I, 243 I 2 Nr. 1, 2, 3 StGB strafbar gemacht.

B. Strafbarkeit des S gem. §§ 242 I, 244 I Nr. 1, 3 StGB

Des Weiteren könnte sich S wegen qualifizierten Diebstahls nach § 242 I, 244 I Nr. 1, 3 StGB strafbar gemacht haben, indem er die Skulptur entwendete.

I. TATBESTAND

1. Grunddelikt: § 242 I StGB
S hat vorliegend den Tatbestand des § 242 I StGB verwirklicht (s.o.).

2. Qualifikation: § 244 I

a) Diebstahl durch Beisichführen eines gefährlichen Werkzeugs, § 244 I Nr. 1 a StGB
Möglicherweise könnte S die Qualifikation des § 244 I Nr. 1 a StGB, mithin einen Diebstahl durch Beisichführen eines gefährlichen Werkzeugs, verwirklicht haben, indem er den Dietrich dabei hatte. Der Dietrich stellt jedoch mangels objektiver Gefährlichkeit kein gefährliches Werkzeug dar, sodass eine Strafbarkeit nach § 244 I Nr. 1 a StGB ausscheidet.

b) Diebstahl durch Beisichführen eines sonstigen Werkzeugs, § 244 I Nr. 1 b StGB
Mangels Absicht des S, den Dietrich zur Drohung oder Gewaltanwendung zu verwenden, scheidet eine Bestrafung nach § 244 I Nr. 1 b StGB ebenfalls aus.

c) Wohnungseinbruchsdiebstahl, § 244 I Nr. 2 StGB
S könnte sich jedoch des Wohnungseinbruchsdiebstahls gem. § 244 I Nr. 2 StGB strafbar gemacht haben.

> **DEFINITION**
> **Wohnung** ist eine Räumlichkeit, die bestimmungsgemäß, sei es auch nur vorübergehend, zur Unterkunft von Menschen dient.

Vorliegend ist S allerdings in die externe, sich neben dem Haus des M befindliche Privatgalerie eingebrochen, sodass sich S nicht nach § 244 I Nr. 2 StGB strafbar gemacht hat.

II. ERGEBNIS
Eine Strafbarkeit des S nach § 242 I, 244 I StGB ist demnach nicht gegeben.

Anmerkung:
Die ebenfalls verwirklichten §§ 123, 246 und 303 StGB waren nach dem Bearbeitervermerk nicht zu prüfen. § 246 StGB tritt allerdings aufgrund seiner formellen Subsidiarität zurück.

II. DIE FREMDHEIT DER SACHE (VERTIEFUNG)

Das Tatbestandsmerkmal der Fremdheit ist nach Maßgabe des BGB zu bestimmen. Es gibt insoweit keinen eigenen strafrechtlichen Begriff der Fremdheit. Man spricht auch von der „Zivilrechts-akzessorietät des Strafrechts".

> **KLAUSURHINWEIS**
> Tauchen in einer Strafrechtsklausur beim Merkmal „fremd" zivilrechtliche Fragen auf, so müssen diese vollständig gelöst und begutachtet werden. Eine „überschlägige Prüfung" darf nicht erfolgen, da die Frage nach der Strafbarkeit häufig von der Klärung der zivilrechtlichen Vorfrage abhängt.

Insoweit gibt es einige Standard-Probleme, die bekannt sein sollten.

1. Tanken an der SB-Tankstelle

Wenn der Täter an der Selbstbedienungs-Tankstelle tankt und dann wegfährt, ohne zu bezahlen, stellt sich die Frage, ob dies einen Diebstahl darstellt. Nach h.M. steht das in den Tank einfließende Benzin noch im Eigentum des Tankwartes. Dies wird entweder damit begründet, dass im Aufstellen der Zapfsäule bloß ein durch die vollständige Kaufpreiszahlung bedingtes Übereignungsangebot liegt, oder damit, dass es sich bloß um eine invitatio ad offerendum handeln würde. In letzterem Fall würde der Eigentumserwerb gem. § 929 S. 2 BGB erst durch das dingliche Angebot des Kunden beim Bezahlen erfolgen.

Da das einfließende Benzin noch im Eigentum des Tankwarts steht, vermischt es sich mit dem restlichen Benzin im Tank, welches dem Täter gehört, wodurch Miteigentum entsteht, § 947 I BGB. Dadurch ist auch das Miteigentumsgemisch eine für den Täter fremde Sache, also ein taugliches Tatobjekt.

> **KLAUSURHINWEIS**
> Ein typischer Fehler in diesen Fällen liegt darin, dass der Prüfling „zu schnell" § 947 I BGB anwendet. Die Anwendung dieser Norm setzt nämlich voraus, dass vorher geklärt wurde, in wessen Eigentum das in den Tank hinzufließende Benzin steht.

Allerdings fehlt es in diesen Fällen regelmäßig an der Wegnahme des Benzins. In der Bereitstellung der Zapfsäule liegt ein tatbestandsausschließendes Einverständnis. Dies gilt selbst dann, wenn der Täter von Anfang an zahlungsunwillig ist, da auch ein durch Täuschung erschlichenes Einverständnis wirksam ist.

Keine Wegnahme; BGH, 4 StR 632/11, RA 2012, 228

Ist der Täter von Anfang an zahlungsunwillig, kommt mithin ein Betrug in Betracht (hierzu näher im Kapitel Betrug). Bekommt der Tankwart den betrügerischen Tankvorgang gar nicht mit, liegt mangels Täuschung bloß ein versuchter Betrug vor. Hierbei stellt sich dann das Problem, ob in Tateinheit auch noch eine Unterschlagung verwirklicht wurde. Entschließt sich der Täter hingegen erst nach dem Zahlvorgang, nicht zu zahlen, liegt eine Unterschlagung des Benzins gem. § 246 StGB vor.

Aufsatz: Rebler, JA 2013, 179

2. Die Zahngold-Fälle

Aus Sicht des Prüfers sind die Zahngold-Fälle deshalb besonders interessant, weil Sie sich gut mit Fragen aus der Irrtumslehre kombinieren lassen. Hierzu der nächste Fall.

Irrtumslehre

FALL 2: WEG WAR DAS ZAHNGOLD
Problemschwerpunkt: Fremdheit; Abgrenzung untauglicher Versuch/ Wahndelikt

SACHVERHALT

A ist Mitarbeiter des städtischen Krematoriums in Hamburg. Weder im Bestattungsvertrag noch in der Friedhofssatzung befindet sich ein Passus, nach dem die Stadt Hamburg das Recht hat, Zahngold an sich zu nehmen und zu veräußern. Nach einer Dienstanweisung sollten die Angestellten nach der Einäscherung vorhandenes Zahngold vielmehr ebenfalls mit in die Urne geben. Dennoch fasste A den Plan, die nach Verbrennung verbliebene Asche gezielt nach Edelmetallen, insbesondere Zahngold, zu untersuchen, um dieses zu verkaufen und somit einen Gewinn zu erzielen. In unbeobachteten Momenten steckte er regelmäßig das Zahngold ein und veräußerte es an seine Abnehmer. Hierbei ging A davon aus, dass das Zahngold Eigentum des Krematoriums sei.

Innerhalb von ungefähr 5 Jahren erzielte A dabei mehr als 70.000 € Gewinn. Strafbarkeit des A gem. §§ 242 f. StGB?

LÖSUNG

A. Strafbarkeit des A gem. §§ 242 I, 243 I 2 Nr. 3 StGB

A könnte sich wegen Diebstahls im besonders schweren Fall gem. §§ 242 I, 243 I 2 Nr. 3 StGB strafbar gemacht haben, indem er sich das Zahngold aus der Asche verschaffte.

I. TATBESTAND

1. Tatobjekt: fremde bewegliche Sache
Dazu müsste es sich zunächst bei dem Zahngold um eine fremde bewegliche Sache handeln.

a) Sache

> **DEFINITION**
> **Sache** im Sinne von § 242 I ist jeder körperliche Gegenstand.

Implantate

Problematisch ist allerdings, ob sterbliche Überreste eines Menschen und die mit dem Leichnam fest verbundenen Teile (sog. Implantate) Sachqualität besitzen. Der Körper eines lebenden Menschen ist jedenfalls keine Sache, weil der lebende Mensch als Rechtssubjekt gem. Art 1 I GG kein Rechtsobjekt sein kann. Fest im lebenden Menschen eingefügte künstliche Körperteile, wie Herzschrittmacher, sind durch die Implantierung selbst Körperbestandteil geworden und haben damit ihre Sacheigenschaft eingebüßt.

> **KLAUSURHINWEIS**
> Mumien, Moorleichen, Skelette und plastinierte Leichen haben Sachqualität, wenn sie zulässigerweise der Bestattung entzogen und Museen oder wissenschaftlichen Einrichtungen überlassen worden sind.

Hierzu sehr lesenswert: OLG Nürnberg Az. 1 St OLG Ss 163/09 b; Rudolph, JA 2011, 346; OLG Bamberg NJW 2008, 1543

Streitig ist dagegen, ob sonstige natürliche Leichenteile und der Leichnam selbst Sachen sind. Man könnte der Auffassung sein, dass Leichen Rückstand der Persönlichkeit sind und daher keine Sachqualität besitzen. Dem ist jedoch entgegenzuhalten, dass der Leichnam ein körperliches

Gebilde darstellt und angesichts der Neutralität des Sachbegriffs von diesem erfasst ist. Ebenso verhält es sich bei fest mit dem Leichnam verbundenen Teilen, worunter auch das Zahngold fällt. Diese gehören zur Leiche und teilen während der Verbindung deren Schicksal.

Vorliegend handelt es sich bei dem Zahngold um fest mit dem Leichnam verbundene künstliche Körperteile, mithin um Implantate im toten menschlichen Körper, sodass diesem Sachqualität zukommt.

b) Beweglich

> **DEFINITION**
> **Beweglich** ist eine Sache, wenn sie tatsächlich fortgeschafft werden kann.

Das Zahngold kann tatsächlich fortgeschafft werden, sodass eine bewegliche Sache vorliegt.

> **KLAUSURHINWEIS**
> Dieses Tatbestandsmerkmal liegt problemlos vor, sodass Sie sich an dieser Stelle kurz fassen können.

c) Fremd

> **DEFINITION**
> **Fremd** ist eine Sache, wenn sie (nach bürgerlichem Recht) zumindest auch im Eigentum einer anderen Person steht.

> **KLAUSURHINWEIS**
> Die Sache ist nicht fremd, wenn sie im Alleineigentum des Täters steht oder herrenlos ist.

Die Eigentumsverhältnisse an sterblichen menschlichen Überresten sind problematisch.

aa) § 1922 BGB

Möglicherweise könnten die Erben des Verstorbenen mit dem Erbfall Eigentum am Zahngold nach § 1922 BGB erlangt haben. Ein Eigentumsverlust

Gesamtrechtsnachfolge

im Wege der Gesamtrechtsnachfolge setzt jedoch voraus, dass der Erblasser im Zeitpunkt des Todes selbst Eigentümer des Zahngoldes war. Wie bereits erläutert, erlangen jedoch sowohl der menschliche Körper, als auch die mit ihm fest verbundenen künstlichen Gegenstände (Implantate) erst durch den Tod Sachqualität. Vor dem Eintritt des Todes war folglich weder der Körper, noch die sich darin befindlichen fest verbundenen Implantate, eine Sache im Eigentum des Erblassers, die im Wege der Gesamtrechtsnachfolge nach § 1922 BGB auf den Erben hätte übergehen können. Demgemäß war das Zahngold zunächst herrenlos. Ein Fall des § 1922 BGB ist nicht gegeben.

bb) Gebrauchmachen von einem Aneignungsrecht

Umstritten ist allerdings, ob an Leichenteilen überhaupt Eigentum erworben werden kann. Man könnte der Ansicht sein, dass sterbliche Überreste generell nicht eigentumsfähig sind. Es widerspricht dem Herkommen und den Gepflogenheiten aller Kulturvölker, den Leichnam eines Menschen als eigentumsfähige Sache zu behandeln. Folglich bliebe das Zahngold vorliegend eine herrenlose Sache.

Aneignungsrecht der Erben

Einer anderen Auffassung zufolge besteht ein Aneignungsrecht an Leichen. Demgemäß käme eine Aneignung der herrenlosen Sache durch den Betreiber des städtischen Krematoriums durch Ineigenbesitznahme nach § 958 I BGB in Betracht. Diesem steht jedoch das vorrangige Aneignungsrecht der Erben entgegen, welches allerdings nicht ausgeübt wurde, § 958 II BGB. Eine anderweitige Grundlage für die Aneignung ist vorliegend weder dem Bestattungsvertrag noch der Friedhofssatzung zu entnehmen. Folglich war das Zahngold auch dieser Ansicht nach herrenlos, sodass mangels Fremdheit der Sache nach beiden Auffassungen kein taugliches Diebstahlsobjekt gegeben ist.

2. Zwischenergebnis
Das Zahngold ist keine fremde bewegliche Sache.

II. ERGEBNIS
Eine Strafbarkeit des A nach §§ 242 I, 243 I 2 Nr. 3 StGB scheidet mithin aus.

B. Strafbarkeit des A gem. §§ 242 I, II, 22, 23 I, 243 I 2 Nr. 3 StGB

Möglicherweise könnte sich A jedoch wegen versuchten Diebstahls im besonders schweren Fall gem. §§ 242 I, II, 22, 23 I, 243 I 2 Nr. 3 StGB strafbar gemacht haben. Der Versuch ist nach §§ 23 I, 242 II StGB strafbar. Die Tat ist mangels Fremdheit des Zahngolds nicht vollendet.

Sog. „Vorprüfung", siehe JI Pocket Strafrecht AT

I. TATENTSCHLUSS

> **DEFINITION**
> **Tatentschluss** verlangt den Vorsatz des Täters bezüglich der Verwirklichung aller objektiven Tatbestandsmerkmale sowie das Vorliegen sämtlicher sonstiger subjektiven Tatbestandsmerkmale.

Demnach müsste A sich vorgestellt haben, sich eine fremde bewegliche Sache anzueignen. Vorliegend ging A davon aus, das Zahngold stehe im Eigentum des Krematoriums und sei daher eine für ihn fremde Sache. Fraglich ist allerdings, wie es sich auswirkt, dass eine derartige Aneignung durch das Krematorium nicht möglich war.

In Betracht kommt ein sog. untauglicher Versuch, welcher nach § 22 StGB und dem Umkehrschluss aus § 23 III StGB strafbar ist. Beim gegebenen Sachverhalt würde dies voraussetzen, dass sich der Irrtum auf Tatsachen bezieht (Irrtum über den Sachverhalt), d.h. wenn der Täter davon ausgeht, es liege ein Sachverhalt vor, der bei seinem tatsächlichen Vorliegen einen Diebstahl begründen würde. Dies wäre hier z.B. der Fall, wenn A geglaubt hätte, ein anderer habe ein tatsächlich existierendes Aneignungsrecht ausgeübt.

Sachverhaltsirrtum

Liegt hingegen eine unzutreffende Bewertung der Eigentumslage vor, d.h. dachte der Täter, dass ein tatsächlich strafloses Verhalten strafbar wäre, liegt bloß ein strafloses Wahndelikt vor (Wertungsirrtum).

Wertungsirrtum

Vorliegend ging A davon aus, dass das Krematorium Eigentümer des Zahngoldes sei. Dabei hat sich A keinen abweichenden Sachverhalt vorgestellt, sondern bloß den richtig erkannten Sachverhalt rechtlich falsch bewertet. Mithin liegt kein Sachverhaltsirrtum vor, der zu einem untauglichen Versuch führen würde, sondern ein strafloses Wahndelikt.

> **KLAUSURHINWEIS**
> An dieser Stelle muss hinsichtlich der Vorstellung des Täters genau auf die Angaben im Sachverhalt geachtet werden. Entscheidend ist, worauf der Irrtum des Täters beruht. Dieser Punkt ist überaus streitig. Wie hier OLG Bamberg, NJW 2008, 1543, abweichend das OLG Hamburg, 2 Ws 123/11, RA 2012, 381.

II. ERGEBNIS
Demnach hat sich A nicht wegen versuchten Diebstahls gem. §§ 242 I, II, 22, 23 I, 243 I 2 Nr. 3 StGB strafbar gemacht.

Abschließende Anmerkung:
Eine Strafbarkeit des A wegen versuchter Unterschlagung nach §§ 246 I, 22, 23 I StGB scheitert aus den selben Gründen.

A könnte sich allerdings wegen Störung der Totenruhe nach § 168 I StGB strafbar gemacht haben. Der Begriff der „Asche" eines Verstorbenen beschränkt sich nach e.A. nicht auf den staubartigen Verbrennungsrückstand, sondern umfasst generell alle Rückstände, die von dem verbrannten Material übrig bleiben. Zudem muss das in den Körper künstlich eingefügte Teil, wenn es durch die Einfügung seine Sachqualität verliert, konsequenterweise ebenso am Persönlichkeitsschutz teilnehmen wie natürliche Körperbestandteile. Des Weiteren darf auch kein Unterschied zur Erdbestattung vorliegen, bei welcher sich der Schutz des § 168 I StGB auch auf die in den Körper eingefügten Teile erstreckt.

Nach a.A. liegt schon deshalb keine „Asche" vor, da das Gold ja gerade nicht „verbrannt" ist. Schließlich ist auch eine Wegnahme gegeben, da der Mitgewahrsam der totenfürsorgeberechtigten Angehörigen und des Betreibers des Krematoriums gebrochen wird. Der Schutzbereich des § 168 StGB dürfte schließlich jedenfalls dann nicht betroffen sein, wenn sich die Goldzähne – wie im Fall des OLG Nürnberg – keinem Toten mehr zuordnen lassen, weil sie sich bereits in einem „Sammelbehälter" befinden.

FALLENDE

Je nach Sachverhalt ist auch an eine Strafbarkeit wegen (qualifizierten) Verwahrungsbruchs gem. § 133 I, (III) StGB zu denken.

3. Diebstahl an Drogen
Ein weiterer Klassiker ist die Frage, ob illegale Drogen ein taugliches Tatobjekt im Rahmen der §§ 242, 249 und 246 StGB darstellen. Hierzu der folgende Fall.

SACHVERHALT

FALL 3: DROGEN IM BAHNHOFSVIERTEL
Problemschwerpunkt: Eigentum an Drogen; Gewahrsam Bewusstloser

Der stadtbekannte Drogendealer D wurde infolge extensiven Drogenkonsums in einer verlassenen Ecke im Bahnhofsviertel bewusstlos. Auf dem Weg zu seiner Spätschicht sah der Barkeeper B den am Boden liegenden D und alarmierte mit seinem Handy sofort einen Notarzt. Während B auf den Notarzt wartete, kam ihm jedoch eine Idee. Er durchsuchte die Jacke des bewusstlosen D und nahm sodann die darin gefundene größere Menge Kokain an sich, steckte sie in seine Jackentasche und verschwand unmittelbar nachdem er den Notarztwagen sichtete. D verstarb auf dem Weg ins Krankenhaus, ohne zuvor das Bewusstsein wiedererlangt zu haben.

Strafbarkeit des B?

A. Strafbarkeit des B gem. § 323c StGB

LÖSUNG

Eine Strafbarkeit des B wegen unterlassener Hilfeleistung nach § 323c StGB scheidet bereits dadurch aus, dass B schnellstmöglich mit seinem Handy den Notarzt angerufen hat, mithin Hilfe herbeirief.

B. Strafbarkeit des B gem. §§ 242 I, 243 I 2 Nr. 6 StGB

Möglicherweise könnte sich B jedoch wegen Diebstahls in besonders schwerem Fall gem. §§ 242 I, 243 I 2 Nr. 6 StGB strafbar gemacht haben, indem er die Drogen von dem bewusstlos am Boden liegenden D entwendete.

I. TATBESTAND

1. Tatobjekt: fremde bewegliche Sache
Dazu müsste es sich bei dem Rauschgift zunächst um eine fremde bewegliche Sache handeln.

DEFINITION
Sache im Sinne von § 242 I ist jeder körperliche Gegenstand.
Beweglich ist eine Sache, wenn sie tatsächlich fortgeschafft werden kann.

Bei dem Rauschgift handelt es sich um körperliche Gegenstände, die tatsächlich fortgeschafft werden können, sodass bewegliche Sachen vorliegen.

Fraglich ist jedoch, ob es sich bei den Drogen auch um fremde Sachen handelt.

> **DEFINITION**
> **Fremd** ist eine Sache, wenn sie zumindest auch im Eigentum einer anderen Person steht.

Problem: Eigentum an nicht verkehrsfähigen Sachen

Die Fremdheit scheidet mithin aus, wenn die Sache nicht eigentumsfähig ist. Drogen sind – wie bestimmte Tier-, Pflanzen- und Waffenarten – nicht verkehrsfähige Gegenstände, deren Besitz verboten ist. Fraglich ist somit, welche Konsequenzen daraus für die Eigentumslage an den Drogen zu ziehen sind.

Einer Ansicht nach sind nicht verkehrsfähige Gegenstände auch nicht eigentumsfähig, sodass eine Fremdheit der Drogen ausscheiden würde.

Einer anderen Auffassung zufolge sind auch Gegenstände, deren Besitz verboten ist, eigentumsfähig. Folglich wäre das Kokain im vorliegenden Fall für B eine fremde bewegliche Sache und demnach ein taugliches Tatobjekt.

Beide Ansichten führen zu unterschiedlichen Ergebnissen, sodass ein Streitentscheid notwendig ist. Für erstere Ansicht lässt sich ins Feld führen, dass zwar grundsätzlich das Eigentum wegen der aus § 903 BGB folgenden Option mit der Sache nach Belieben zu verfahren, geschützt wird. Wegen des Besitz- und Nutzungsverbots bestehen diese Optionen bei solchen Gegenständen jedoch nicht, sodass hier letztlich nur eine leere Hülle geschützt würde.

Unterschied zwischen Besitzverbot und Eigentum

Diese Ansicht verkennt jedoch, dass von einem Besitzverbot nicht auf die Eigentumsunfähigkeit geschlossen werden kann. Zudem finden die §§ 134, 138 BGB auf den gesetzlichen Eigentumserwerb nach den §§ 946 ff. BGB keine Anwendung. Schließlich ist zu beachten, dass das deutsche Recht an den Orten, an welchen regelmäßig Betäubungsmittel produziert werden (z.B. Opium in Afghanistan), keine Geltung hat, sodass nach der Zivilrechtsordnung des betroffenen Staates womöglich ein anderer rechtmäßig Eigentum erworben haben wird, sodass die Betäubungsmittel fremd sind. Demnach handelt es sich bei den Drogen um eine fremde bewegliche Sache.

2. Wegnahme

Des Weiteren müsste B die Drogen weggenommen haben.

> **DEFINITION**
> **Wegnahme** ist der Bruch fremden und die Begründung neuen, nicht notwendig tätereigenen, Gewahrsams.

a) Bestehen fremden Gewahrsams

Zunächst müsste überhaupt fremder Gewahrsam an den Drogen bestanden haben.

> **DEFINITION**
>
> **Gewahrsam** ist die tatsächliche Sachherrschaft eines Menschen über eine Sache, getragen von einem natürlichen Herrschaftswillen, wobei deren Vorliegen nach der Verkehrsanschauung zu beurteilen ist.
>
> **Tatsächliche Sachherrschaft** besteht, wenn der unmittelbaren Verwirklichung des Einwirkungswillens auf die Sache keine Hindernisse entgegenstehen.
>
> **Herrschaftswille** ist der Wille, mit der Sache nach eigenem Belieben verfahren zu können.

h.M.: sog. faktischer Gewahrsamsbegriff

Das Kokain stand ursprünglich im Gewahrsam des D. Fraglich ist, ob sich hieran etwas ändert, da D infolge extensiven Drogenkonsums bei Ansichnahme der Drogen durch B bewusstlos war und demnach kein Sachherrschaftswille mehr gegeben sein könnte. An den Sachherrschaftswillen werden jedoch keine hohen Anforderungen gestellt. Der Gewahrsam besteht grundsätzlich auch bei Schlafenden und Bewusstlosen fort, denn ein potentieller Gewahrsamswille ist ausreichend, d.h. der Wille muss nicht ständig aktualisiert werden. Es reicht aus, dass der Herrschaftswille jederzeit ausgeübt werden könnte.

Fraglich ist allerdings, wie es sich verhält, wenn die Bewusstlosigkeit, wie im vorliegenden Fall, in den Tod übergeht, ohne dass das Opfer das Bewusstsein wieder erlangte. Dies ist umstritten. Einigkeit besteht insoweit, dass Tote keinen Gewahrsam haben. Man könnte der Ansicht sein, dass bei Übergang der Bewusstlosigkeit in den Tod der Gewahrsam bereits mit dem Eintritt der Bewusstlosigkeit endet. Dann hätte D vorliegend ab dem Eintritt seiner Bewusstlosigkeit keinen Gewahrsam mehr an den Drogen gehabt, sodass eine Wegnahme ausscheiden würde.

Gewahrsam von Bewusstlosen

Andererseits könnte man der Auffassung sein, dass der Gewahrsam erst mit dem Tod des Bewusstlosen endet. Demnach hätte D zum Zeitpunkt des Ansichnehmens durch B noch Gewahrsam an dem Rauschgift, sodass fremder Gewahrsam bestünde.

Für erstere Ansicht spricht, dass nur ein vorübergehendes Unvermögen, den Gewahrsamswillen auszuüben, unbeachtlich ist. In einem Fall wie dem vorliegenden, ist das Unvermögen jedoch dauerhaft, da die

Bewusstlosigkeit in den Tod übergeht. Dem lässt sich jedoch entgegenhalten, dass Folge der ersten Ansicht ein Schwebezustand wäre, an dessen Ende mit dem Eintritt des Todes, der Gewahrsam rückwirkend für den ganzen Zeitraum entfallen würde. Gewahrsamsfragen müssen allerdings stets nach den im Augenblick der Täterhandlung vorliegenden Umständen und nicht nach der späteren Entwicklung entschieden werden. Hier müsste jedoch über die Frage, ob die Tat als Diebstahl oder Unterschlagung zu werten ist, nach der späteren Entwicklung entschieden werden. Mithin bestand daher beim fraglichen Verhalten des B noch Gewahrsam des D an den Drogen.

> **KLAUSURHINWEIS**
> Wäre D bei Ansichnehmen der Drogen bereits tot gewesen, so wäre die Sache gewahrsamslos (aber nicht herrenlos). Insbesondere bestünde mangels entsprechendem Sachherrschaftswillen kein Gewahrsam des Erbenbesitzers, § 857 BGB.

b) Bruch fremden und Begründung neuen Gewahrsams
Weiterhin müsste B den fremden Gewahrsam des D gebrochen und neuen Gewahrsam an den Drogen begründet haben.

> **DEFINITION**
> **Fremder Gewahrsam** wird gebrochen, wenn die Gewahrsamsverschiebung (die Aufhebung des fremden und Begründung neuen Gewahrsams) ohne oder gegen den Willen des bisherigen Gewahrsamsinhabers erfolgt.
>
> Der Täter hat **neuen Gewahrsam** begründet, wenn er oder ein Dritter die Sachherrschaft derart erlangt hat, dass er sie ohne Behinderung durch den früheren Gewahrsamsinhaber ausüben und dieser seinerseits ohne Beseitigung der Sachherrschaft des Täters nicht mehr über die Sache verfügen kann.

Indem B die Drogen in die eigene Tasche eingesteckt hatte, begründete er eine sog. Gewahrsamsenklave und jedenfalls durch Verlassen des Tatortes hat B den Gewahrsam des D gebrochen und sodann neuen Gewahrsam begründet. Mithin ist eine Wegnahme gegeben.

II. VORSATZ BZGL. DER WEGNAHME EINER FREMDEN BEWEGLICHEN SACHE SOWIE ABSICHT RECHTSWIDRIGER ZUEIGNUNG

Schließlich handelte B auch vorsätzlich bezüglich der Wegnahme einer fremden beweglichen Sache und mit der Absicht, sich die Drogen rechtswidrig zuzueignen.

III. RECHTSWIDRIGKEIT UND SCHULD

B handelte auch rechtswidrig und schuldhaft.

IV. BESONDERS SCHWERER FALL GEM. § 243 I 2 Nr. 6 StGB

Möglicherweise könnte B zudem das Regelbeispiel des § 243 I 2 Nr. 6 StGB verwirklicht haben.

1. Ausnutzung einer Sondersituation

Dazu müsste B eine durch die Hilflosigkeit oder gemeine Not entstandene Eigentumslockerung zur leichteren Durchführung der Tat ausgenutzt haben. In Betracht kommt vorliegend eine Hilflosigkeit des D.

> **DEFINITION**
> Das Opfer ist **hilflos**, wenn es aus eigener Kraft nicht in der Lage ist, sich gegen die Wegnahme von in seinem Gewahrsam befindlichen Sachen zu schützen.

Vorliegend lag D bewusstlos am Boden. Diese Situation nutzte B aus, um sich die – im Gewahrsam des D befindlichen – Drogen zu verschaffen. Mithin nutzte B die Hilflosigkeit des D zur leichteren Durchführung der Tat aus.

2. Quasi-Vorsatz

B hatte diesbezüglich auch mit einem vorsatzähnlichen Bewusstsein gehandelt.

V. ERGEBNIS

Folglich hat sich B gem. §§ 242 I, 243 I 2 Nr. 6 StGB strafbar gemacht.

FALLENDE

4. Dereliktion/Containern

Die Eigentumsaufgabe (Dereliktion) ist für bewegliche Sachen in § 959 des BGB geregelt. Sie setzt zweierlei voraus: Erstens muss der Eigentümer den Besitz an der Sache aufgeben. Zweitens muss er dabei den Willen haben,

Diebstahl aus Mülleimern

das Eigentum erlöschen zu lassen (und es nicht an einen anderen zu übertragen). Fraglich ist, ob in den Mülleimer geworfene Gegenstände noch gestohlen werden können. Verfolgt der Eigentümer etwa bestimmte Verwendungszwecke mit einer Sache, liegt keine Dereliktion vor.

> **BEISPIEL:** Keine Dereliktionsabsicht bei an der Straße abgestelltem Sammelgut, das für eine Sammelorganisation bestimmt war.

Zum „Containern"
Eser/Scharnberg,
JuS 2012, 809, 812

Ebenso schließt Vernichtungsabsicht bei der Hingabe in den Müll die Dereliktionsabsicht aus. Streitig ist vor diesem Hintergrund die Strafbarkeit des sog. „Containers". Dies bezeichnet die Mitnahme weggeworfener Lebensmittel aus Abfallcontainern z.B. von Supermärkten.

III. DIE WEGNAHME (VERTIEFUNG)

Anknüpfend an die oben in den Fällen bereits mehrfach genannten Definitionen sollten Sie die folgenden Problembereiche kennen:

Wegnahme durch Ergreifen

Bei unauffälligen, leicht beweglichen Sachen, wie etwa bei Geldscheinen sowie Geld- und Schmuckstücken, oder auch Handys, lässt die Verkehrsauffassung für die vollendete Wegnahme schon ein Ergreifen und Festhalten der Sache genügen.

Gewahrsamsenklave

In SB-Läden – aber nach h.M. auch in sonstigen Räumlichkeiten – liegt eine Wegnahme schon vor dem Verlassen der fremden Gewahrsamssphäre vor, wenn der Täter die Sache in eine sog. Gewahrsamsenklave verbringt. Eine solche Enklave sind z.B. die Taschen der Kleidung aber auch mitgeführte Behältnisse wie Taschen oder Rucksäcke. Hierbei kommt es – entgegen manch missverständlicher Formulierung – nicht primär auf die Größe des zu stehlenden Gegenstandes an, sondern vielmehr auf die Größe der vom Täter mitgeführten Tasche.

> **MERKSATZ**
> Für den SB-Laden gilt die Faustregel: Eine Enklave sind all die zur Intimsphäre (allgemeines Persönlichkeitsrecht) gehörenden Bereiche, in denen der Kunde an der Kasse eine Kontrolle nicht dulden muss.

BEISPIEL 1: T verbirgt eine teure Zeitschrift im Einkaufswagen unter einer Obststiege. An der Kasse will er die Stiege im Wagen lassen und hofft so, die Zeitung nicht bezahlen zu müssen.

Näheres zu derartigen Fällen im Kapitel zur Abgrenzung von Diebstahl und Betrug

Durch das Verbergen im Einkaufswagen wird keine Enklave begründet, da T eine Kontrolle („Heben Sie bitte mal die Stiege hoch.") dulden muss.
Die Beobachtung der Tat schließt die Wegnahme nicht aus, da sich durch die Beobachtung nichts daran ändert, dass die Sache z.B. in eine – vom Persönlichkeitsrecht des Täters geschützte – Enklave verbracht wurde.

Beobachtung

MERKSATZ
Diebstahl ist kein heimliches Delikt.

Zum Problem der verlorenen und vergessenen Sache gilt das Folgende: Eine Sache ist verloren, wenn der Täter keine Ahnung mehr hat, wo die Sache sich befinden könnte. In diesem Fall hat der Täter keine tatsächliche Sachherrschaft mehr, weshalb die Sache ihm auch nicht mehr weggenommen werden kann.

Verlorene Sachen

BEISPIEL 2: A verliert beim Kinobesuch ihren Ring. Putzfrau P findet ihn und behält ihn für sich.

„Hilfsgewahrsam"

In diesem Fall hat A zwar keinen Gewahrsam mehr, jedoch greift der sog. „Hilfsgewahrsam" des Kinobetreibers ein. Dieser hat den generellen Sachherrschaftswillen bzgl. aller Sachen, die sich in der von ihm tatsächlich beherrschten Gewahrsamssphäre befinden. P begeht folglich einen Diebstahl. Sollte der Kinobetreiber selbst den Ring an sich nehmen, so kann er seinen eigenen Gewahrsam nicht brechen und macht sich folglich nur wegen Unterschlagung, § 246 StGB, strafbar.
Wird die Sache außerhalb einer Gewahrsamssphäre (z.B. im Wald) verloren, so wird sie gewahrsamslos und kann nur noch unterschlagen werden.
Hingegen ist die Sache vergessen, wenn der bisherige Gewahrsamsinhaber noch weiß, wo die Sache sich befindet und er auf die Sache eine tatsächliche Zugriffsmöglichkeit hat. In diesem Fall besteht sein Gewahrsam als sog. „gelockerter Gewahrsam" fort.
Wird die Sache in einer fremden Gewahrsamssphäre vergessen und nimmt der Inhaber der Sphäre die Sache an sich, so bricht er – als untergeordneter Mitgewahrsamsinhaber – den übergeordneten Mitgewahrsam

Vergessene Sachen

desjenigen, der die Sache vergessen hat und begeht einen Diebstahl.

Mitgewahrsam — Im Bereich des Mitgewahrsams gilt:

> **MERKSATZ**
> Der gleichrangige Mitgewahrsam kann wechselseitig gebrochen werden. Ansonsten kann nur der untergeordnete Mitgewahrsamsinhaber denjenigen des übergeordneten brechen.

BEISPIEL 3: In einer WG wird gemeinsam ein Blue-Ray-Player für das gemeinsam genutzte Wohnzimmer angeschafft. Mitbewohner M verwertet ihn für sich.

M bricht den gleichstufigen Mitgewahrsam der Mitbewohner und macht sich wegen Diebstahls strafbar.

Kassierer haben Alleingewahrsam am Kasseninhalt, wenn sie eigenverantwortlich die Kasse verwalten. In diesem Fall kann sich ein Kassierer „nur" gem. § 246 II (veruntreuende Unterschlagung) strafbar machen. Ansonsten besteht gleichrangiger Mitgewahrsam bei mehreren Kassierern, die alle an der gleichen Wechselgeldkasse arbeiten.

BEISPIEL 4: Eine Bedientheke, dahinter mehrere Bedienungen, aber für alle nur eine Kasse.

Einverständnis — Schließlich ist darauf hinzuweisen, dass eine mit dem Willen des Gewahrsamsinhabers erfolgende Ansichnahme nicht als Wegnahme zu werten ist. Es fehlt insoweit am „Bruch" des Gewahrsams. Insofern liegt ein tatbestandsausschließendes Einverständnis und keine Einwilligung vor.

> **MERKSATZ**
> Das „OK" des Berechtigten wirkt als Einverständnis.

Einverständnis und Täuschung

Das Einverständnis ist auch wirksam, wenn es durch Täuschung erschlichen wurde. In diesem Fall kommt dann ein Betrug, § 263 StGB, in Betracht. Hatte der Berechtigte jedoch tatsächlich (z.B. polizeiliche Beschlagnahme) oder zumindest nach seiner Vorstellung (z.B. vorgetäuschte Beschlagnahme) keine freie Entscheidungsmöglichkeit mehr, ist von einem Bruch des Gewahrsams und folglich einer Wegnahme auszugehen.

Klausur zur „Diebesfalle": Hinderer, JuS 2009, 625

Ein in diesem Zusammenhang sich stellendes Problem ist die Konstellation, dass dem Täter eine Falle gestellt wird. Das in diesem Fall meist vorliegende Einverständnis führt bloß zu einer Strafbarkeit des Täters wegen versuchten Diebstahls. In Betracht kommt weiterhin eine vollendete Unterschlagung, bei deren Bejahung sich zusätzlich die Frage nach dem Konkurrenzverhältnis zum versuchten Diebstahl stellt. Die Behandlung aller Details der sog. „Diebesfalle" sprengt jedoch den Rahmen eines Grundlagen-Skripts. Insoweit wird auf die angegebene Klausur verwiesen.

IV. DIE ZUEIGNUNGSABSICHT (VERTIEFUNG)

Die Zueignungsabsicht beinhaltet zwei – in den Fällen oben bereits mehrfach definierte – Komponenten. Die Absicht zur zumindest vorübergehenden Aneignung und den (Eventual-) Vorsatz zur dauerhaften Enteignung.

1. Fälle fehlender Aneignungsabsicht

Bei der bloßen Zerstörung oder Beschädigung der Sache fehlt die Aneignungskomponente. Die Zerstörung wird aber durch die Sachbeschädigungsdelikte erfasst. Anders ist dies aber z.B. beim Verzehr fremder Speisen, da der Täter hier den wirtschaftlichen Wert der Sache selbst erlangt. Ebenso beim Verbrauch fremden Benzins oder Heizöls. Bloße Zerstörung

Ebenso fehlt die Aneignungsabsicht, wenn der Täter dem Opfer die Sache – auch ohne Zerstörung – bloß entziehen möchte. Bloße Sachentziehung

BEISPIEL: WG-Mitbewohner A versteckt die Lieblings-CD des Mitbewohners B, weil er die CD nicht mehr hören kann.

Die bloße Sachentziehung ist i.d.R. völlig straffrei.

2. Fälle fehlenden Enteignungsvorsatzes

Wenn der Täter sich eine fremde Sache nur – kurzzeitig – zum Gebrauch anmaßt, fehlt es am Vorsatz zur dauerhaften Enteignung. Allerdings kann (z.B. bei einem Kfz) § 248b StGB eingreifen. Bloße Gebrauchsanmaßung

Nur wenn die Sachentziehung so intensiv wird, dass ein verständiger Bürger eine Ersatzbeschaffung für unausweichlich halten muss, liegt die Enteignungskomponente vor.

BEISPIEL: Entnahme der Tageszeitung aus dem Briefkasten des Nachbarn und geplante Rückgabe in zwei Tagen.

Dies ist nach der Sachwerttheorie (dazu gleich) als Diebstahl zu werten.

> **MERKSATZ**
> Die Aneignungskomponente grenzt den Diebstahl ab zur bloßen Zerstörung und zur bloßen Sachentziehung. Die Enteignungskomponente grenzt den Diebstahl zur Gebrauchsanmaßung ab.

3. Das Zueignungsobjekt (Substanz- und Sachwerttheorie)

Es ist unstreitig, dass „die Sache selbst", also die Sachsubstanz, das Objekt der erstrebten Zueignung sein kann. Prüfungsaufgaben behandeln jedoch häufig die Frage, ob auch der in der Sache verkörperte Wert als taugliches Zueignungsobjekt in Betracht kommt.

SACHVERHALT

FALL 4: EIN BESUCH BEI „COFFEE-PLACE"
Problemschwerpunkt: Zueignungsobjekt und Sachwerttheorie

T bricht gewaltsam in die kleine Altstadtwohnung des O ein, der sich derzeit zum Surfen auf Kaua'i (Hawaii) befindet. T entnimmt der Schreibtischschublade eine Gutscheincard des „Coffee-Place", auf der ein Guthaben von 180,- € eingespeichert ist.

Am darauffolgenden Morgen begibt sich T zum „Coffee-Place" und erhält dort unter Benutzung der Gutscheincard von der Angestellten A Waren im Wert von 100,- €. Mehr als einen Thermobecher und 5 Päckchen eines teuren brasilianischen Kaffees wollte T nicht, daher legt er die Gutscheincard am nächsten Tag, wie von vornherein geplant, in den Schreibtisch des O zurück.

Strafbarkeit des T?

Bearbeitervermerk:
Unterschlagung und Urkundendelikte sind nicht zu prüfen.

LÖSUNG

A. Strafbarkeit des T gem. §§ 242 I, 243 I 2 Nr. 1 StGB

T könnte sich durch die Ansichnahme der Gutscheincard des Diebstahls in besonders schwerem Fall gem. §§ 242 I, 243 I 2 Nr. 1 StGB strafbar gemacht haben.

I. TATBESTAND

1. Fremde bewegliche Sache
Dazu müsste es sich bei der Gutscheincard zunächst um eine fremde bewegliche Sache handeln.

> **DEFINITION**
> **Sache** im Sinne von § 242 I ist jeder körperliche Gegenstand.
> **Beweglich** ist eine Sache, wenn sie tatsächlich fortgeschafft werden kann.
> **Fremd** ist eine Sache, wenn sie zumindest auch im Eigentum einer anderen Person steht.

Die Gutscheincard stand im Eigentum des O und war somit für T eine fremde bewegliche Sache.

> **KLAUSURHINWEIS**
> Hier genügt die kurze Feststellung im Urteilsstil. Die Definitionen dienen der Wiederholung.

Forderungen und sonstige Rechte sind keine Sachen, somit auch kein taugliches Diebstahlsobjekt

2. Wegnahme
Des Weiteren müsste T die Gutscheincard weggenommen haben.

> **DEFINITION**
> **Wegnahme** ist der Bruch fremden und die Begründung neuen, nicht notwendig tätereigenen, Gewahrsams.

Sog. Gewahrsamslockerung

Indem T die Gutscheincard des O an sich genommen hat, hat er den auch während des Surfurlaubs fortbestehenden Gewahrsam des Wohnungsinhabers O gegen oder zumindest ohne dessen Willen aufgehoben und spätestens beim Verlassen der Wohnung eigenen Gewahrsam an der Gutscheincard begründet.

> **KLAUSURHINWEIS**
> An dieser Stelle können Sie sich aufgrund des eindeutigen Vorliegens einer Wegnahme ebenfalls kurz fassen.

3. Vorsatz
T handelte hinsichtlich der fremden beweglichen Sache, als auch der Wegnahme mit Vorsatz.

4. Absicht rechtswidriger Zueignung
Schließlich müsste T auch mit der Absicht gehandelt haben, sich die Gutscheincard rechtswidrig zuzueignen.

a) Zueignungsabsicht
Dazu müsste T zunächst mit Zueignungsabsicht gehandelt haben.

> **DEFINITION**
> Die **Zueignungsabsicht** beinhaltet zwei Komponenten. Die Absicht zur zumindest vorübergehenden Aneignung und den (Eventual-) Vorsatz zur dauerhaften Enteignung. Diese müssen kumulativ vorliegen, damit eine Zueignungsabsicht bejaht werden kann.

aa) Aneignungsabsicht
T müsste mit Aneignungsabsicht gehandelt haben.

> **DEFINITION**
> **Aneignungsabsicht** ist die Absicht, die Sache selbst oder den in ihr verkörperten Sachwert wenigstens vorübergehend dem eigenen Vermögen oder dem Vermögen eines Dritten einzuverleiben.

Vorliegend hatte T die Absicht, die Gutscheincard zu benutzen, um mit dieser bei „Coffee-Place" Waren erhalten zu können. Die erforderliche Aneignungsabsicht liegt demnach vor.

bb) Enteignungsvorsatz
Weiterhin müsste T auch mit Enteignungsvorsatz gehandelt haben.

> **DEFINITION**
> **Enteignungsvorsatz** ist der Wille, den Berechtigten auf Dauer aus seiner Eigentümerposition zu verdrängen, d.h. ihm die Sache selbst oder den in ihr verkörperten Sachwert auf Dauer zu entziehen.

(1) Bezüglich der Sachsubstanz der Gutscheincard

Vorliegend hatte T von Anfang an geplant, die Gutscheincard O wieder zurückzugeben, sodass es wegen des Rückgabewillens, am Vorsatz fehlt, den Eigentümer dauerhaft aus seiner Eigentümerposition bezüglich der Sache selbst, d.h. der Sachsubstanz, zu verdrängen. Hinsichtlich der Sachsubstanz der Gutscheincard liegt nur eine Gebrauchsanmaßung, mithin kein Enteignungsvorsatz und somit auch kein Zueignungswille vor.

sog. Sachsubstanztheorie

(2) Bezüglich des Sachwerts der Gutscheincard

Nach der sog. Vereinigungstheorie kommt eine Zueignung allerdings auch dann in Betracht, wenn der Täter den in der weggenommenen Sache verkörperten wirtschaftlichen Wert unter Ausschluss des wahren Eigentümers, seinem eigenen Vermögen einverleiben will und die Sache selbst, also deren Sachsubstanz, an den Eigentümer erst nachdem er den Wert vollständig oder teilweise entzogen hat, zurückgeben will. Zu beachten ist hierbei jedoch, dass der Wert in der Sache selbst innewohnen, bzw. mit der Sache verknüpft sein muss.

Sog. Vereinigungstheorie (= Vereinigung von Sachsubstanztheorie und Sachwerttheorie)

Auf der Gutscheincard sind 180,- € gespeichert. Durch das Benutzen der Karte an der Kasse wird der zu entrichtende Warenwert abgezogen, sodass die Gutscheincard um diesen Betrag entwertet wird. Folglich verkörpert die Gutscheincard einen wirtschaftlichen Wert.

Sog. lucrum ex re (der Vorteil aus der Sache selbst)

T beabsichtigte vorliegend, sich durch Benutzung der Gutscheincard bei „Coffee-Place" und dem dadurch ermöglichten Erhalt der Waren im Wert von 100,- € den Wert der Gutscheincard anzueignen und den O als wahren Eigentümer somit auf Dauer aus seiner Eigentümerposition zu verdrängen. Folglich handelte T hinsichtlich des Sachwerts der Gutscheincard mit dem erforderlichen Eventualvorsatz und demnach auch mit Zueignungsabsicht.

> **MERKSATZ**
> Beachten Sie insoweit den Unterschied zur EC-Karte. Diese stellt eine bloße Code-Karte dar, die wie ein „Zugangsschlüssel" zu den Giro-Funktionen funktioniert. Allerdings ist „auf der Karte" kein Wert verkörpert. Den Unterschied merkt man – ganz praktisch – schon daran, dass das Giro-Konto in der Regel überzogen werden kann, was bei einem Sparbuch, einer Gutscheinkarte oder einer Mensa-Karte ausgeschlossen ist.

Unterschied zur EC-Karte

b) Rechtswidrigkeit der beabsichtigten Zueignung und Vorsatz diesbezüglich

> **DEFINITION**
> **Rechtswidrig** ist die vom Täter beabsichtigte Zueignung dann, wenn der Täter keinen fälligen und durchsetzbaren Anspruch auf Übereignung der weggenommenen Sache (und kein Aneignungsrecht an dieser) hat.

Mangels Anspruchs des T auf das der Gutscheincard dem Wert nach entzogene Geld (100,- €) war die von ihm beabsichtigte Zueignung rechtswidrig und dies wusste und wollte er auch.

II. RECHTSWIDRIGKEIT UND SCHULD
T handelte vorliegend rechtswidrig und schuldhaft.

III. REGELBEISPIEL DES § 243 I 2 Nr. 1 StGB
Schließlich ist T vorliegend zur Ausführung der Tat in die Wohnung des O gewaltsam eingebrochen. Diesbezüglich handelte er auch mit Quasi-Vorsatz, sodass auch das Regelbeispiel des § 243 I 2 Nr. 1 StGB verwirklicht wurde.

IV. ERGEBNIS
Mithin hat sich T gem. §§ 242 I, 243 I 2 Nr. 1 StGB strafbar gemacht.

B. Strafbarkeit des T gem. §§ 242 I, 244 I Nr. 3 StGB

Zudem hat sich T durch das Einbrechen in die Wohnung des O zur Ausführung des Diebstahls auch wegen Wohnungseinbruchdiebstahls nach §§ 242 I, 244 I Nr. 3 StGB strafbar gemacht.

C. Strafbarkeit des T gem. § 123 I StGB

Indem T in die Wohnung des O eingebrochen ist hat er sich auch wegen Hausfriedensbruch nach § 123 I StGB strafbar gemacht.

D. Strafbarkeit des T gem. § 303 I StGB

Vorliegend ist T gewaltsam in die Altstadtwohnung des O eingebrochen, sodass davon auszugehen ist, dass er hierbei Fenster oder Türen vorsätzlich beschädigt hat. Demnach hat er sich auch wegen Sachbeschädigung gem. § 303 I StGB strafbar gemacht.

E. Strafbarkeit des T gem. § 123 I StGB

Indem T die Gutscheincard in die Wohnung des O zurück brachte, hat er sich erneut nach § 123 I StGB strafbar gemacht. Eine mutmaßliche Einwilligung scheitert schon daran, dass T die Karte auch in den Briefkasten hätte werfen können, wodurch er das Hausrecht des O nicht erneut verletzt hätte.

Konkurrenzen
§§ 242, 243 I 2 Nr. 1 StGB tritt hinter §§ 242 I, 244 I Nr. 3 StGB zurück. § 123 I StGB tritt als notwendige Begleiterscheinung von §§ 242 I, 244 I Nr. 3 StGB hinter diese zurück. § 303 I StGB bleibt hingegen daneben bestehen, dass dies nicht unbedingt eine notwendige Begleiterscheinung darstellt. Somit stehen diese beiden Delikte in Tateinheit nebeneinander, § 52 StGB. Der erneute Hausfriedensbruch nach § 123 I StGB stellt aufgrund der zeitlichen Zäsur eine weitere Handlung dar und steht aus diesem Grund zu den anderen Delikten in Tatmehrheit, § 53 StGB.

Abschließende Anmerkung:
*Des Weiteren kommt noch eine Strafbarkeit des T wegen (Dreiecks-)**Betruges** gegenüber der Angestellten A des „Coffee-Place" und zum Nachteil des O nach § 263 I StGB in Betracht. Vertretbar ist es, eine Täuschung über die Berechtigung zur Zahlung mit der Gutscheincard durch Aushändigung an der Kasse anzunehmen. Allerdings scheitert ein Betrug an dem Tatbestandsmerkmal des „Irrtums". Die Benutzung einer Gutscheincard ist nicht an eine persönliche Berechtigung gebunden, sodass sich die Angestellte hinsichtlich der Berechtigung des T auch keine Gedanken machen musste. Eine Zahlung mittels einer Gutscheincard stellt stets einen wirksamen Zahlungsvorgang dar.*
*Zwar ist das auf der Gutscheincard gespeicherte Guthaben als Daten i.S.d. § 263 a StGB zu qualifizieren. Folgt man allerdings der herrschenden „betrugsspezifischen Auslegung", scheidet aus den gleichen Gründen mangels unbefugter Verwendung eine Strafbarkeit wegen (Dreiecks-)**Computerbetrugs** nach § 263 a I 3. Var. StGB aus.*

4. Die geplante Rückgabe an den Eigentümer
Wenn sich der Täter schon im Zeitpunkt der Wegnahme vornimmt, die Sache später wieder an den Eigentümer zurückzugeben, dann stellt sich die Frage, ob die Enteignungskomponente fehlt.

BEISPIEL 1: B nimmt F eine Kette weg und hofft, dass diese einen Finderlohn auslobt. Als F dies tatsächlich tut, gibt B die Kette – wie von Anfang an geplant – zurück und kassiert den Finderlohn.

BEISPIEL 2: A nimmt J eine Sache weg und plant dabei von Anfang an, dem J diese Sache, als angeblich ihm – dem A – gehörend zu verkaufen. J kauft die ihm gehörende Sache dem A ab.

In beiden Fällen scheidet eine Bejahung der Enteignungskomponente unter alleiniger Bezugnahme auf die Sachsubstanz aus, da diese von Anfang an zurückgegeben werden sollte.

> **MERKSATZ**
> Hier muss auf Hinweise im Sachverhalt geachtet werden aus denen sich ergibt, dass der Täter die Sache „zur Not" auch für sich selbst behalten möchte, falls sein Plan nicht aufgeht. In diesem Fall liegt nämlich der Eventualvorsatz zur dauerhaften Enteignung vor.

Ein anderes Ergebnis könnte nur die Sachwerttheorie liefern, wenn der Sache der in ihr verkörperte Wert entzogen werden sollte.

Sog. lucrum ex negotio cum re (der Vorteil aus einem Geschäft mit der Sache)

In Beispiel 1 ist das nicht der Fall, da der Finderlohn nicht in der Sache verkörpert ist. So kann schon für Erinnerungs- oder Erbstücke ein Finderlohn ausgelobt werden, der weit über dem wirtschaftlichen Wert der Sache liegt. B begeht allerdings einen Betrug an F, da sie F darüber täuscht, dass sie eine ehrliche Finderin sei.

Anders liegt die Sachlage in Beispiel 2. Der Kaufwert einer Sache ist als Marktwert in ihr verkörpert. Insoweit wird der Sache ihr Wert entzogen, wenn der Eigentümer die ihm gehörende Sache erneut ankauft.

> **MERKSATZ**
> Plant der Täter bei der Rückgabe an den Eigentümer, dessen Eigentum zu leugnen (Beispiel 2) indiziert dies die Zueignung. Soll hingegen bei der Rückgabe das fremde Eigentum anerkannt werden (Beispiel 1), indiziert dies, dass keine Zueignung gegeben ist.

V. DIE RECHTSWIDRIGKEIT DER ERSTREBTEN ZUEIGNUNG

Sofern der Geldgläubiger dem Geldschuldner den geschuldeten fälligen Geldbetrag aus dem Geldbeutel nimmt, verletzt er (nach BGH) dessen Auswahlrecht, denn Geldschulden sind Gattungsschulden. Allerdings fehlt nach BGH aber gem. § 16 I StGB der diesbzgl. Vorsatz. Nach verbreiteter Gegenansicht liegt insoweit beim Täter bloß ein Verbotsirrtum nach § 17 StGB vor.

VI. DIE BANDEN-QUALIFIKATION (VERTIEFUNG)

In §§ 244 I Nr. 2 StGB und § 244a StGB taucht die Qualifikation der „Bande" auf.

> **DEFINITION**
> Mehrere Personen haben sich zur fortgesetzten Begehung von Straftaten, also einer **Bande**, verbunden, wenn sie den gemeinsamen Entschluss gefasst haben, in Zukunft mehrere selbstständige, im Einzelnen ggf. noch ungewisse Taten zu begehen.

Der Strafgrund der bandenmäßigen Begehung liegt nach heute h.M. in der Effektivität und Schlagkraft arbeitsteilig operierender Großbanden. Hieraus wurden mehrere Regeln bzw. Bedingungen für die bandenmäßige Begehung abgeleitet. Strafgrund

Eine Bande setzt voraus, dass sich mindestens drei Personen mittels sog. „Bandenabrede" verbunden haben. Dabei muss eine wiederholte künftige Tatbegehung zumindest in Kauf genommen werden. Gibt es diese Verabredung für die Zukunft, kann schon der erste Diebstahl ein Bandendiebstahl sein. Dies ergibt sich auch aus dem Wort „zur" wiederholten Begehung, was insoweit eine bloß künftige Planung beschreibt. Drei Mitglieder

Zwei an konkreter Tat beteiligt

Bei der konkreten jeweiligen Tat genügt es, wenn sich aus der größeren Bande (mindestens drei Personen) mindestens zwei Personen zusammengefunden haben und die Tat gemeinsam im Bandeninteresse begehen. Auch dies kann aus dem Wortlaut hergeleitet werden: „Wer (...) unter Mitwirkung eines anderen Bandenmitglieds (...)."

Einer muss Täter sein

Von den beiden, welche die Tat konkret ausführen, muss zumindest einer als „Täter" i.S.v. § 25 StGB einzuordnen sein. Der andere Beteiligte kann auch bloßer Teilnehmer gem. §§ 26, 27 StGB sein. Es gibt also zwar eine „gemischte Täter-Teilnehmer-Bande", aber keine reine „Gehilfen-, oder „Anstifter-Bande".

BEISPIEL (nach BGH, NJW 2005, 2629): A und B wollen wiederholt Kunstdiebstähle begehen. Während A die entsprechenden Taten vorbereitet, plant und den Absatz der Beute übernimmt, soll B zusammen mit einem Dritten die Diebstähle nach den Plänen des A ausführen. Die Auswahl des dritten Beteiligten überlässt A dem B. B führt die erste Tat zusammen mit C aus. Über die Identität des Dritten lässt B den A im Unklaren, da er weiß, dass A den C nicht mag und mit dessen Mitwirkung nicht einverstanden wäre.

A, B und C haben sich im Beispiel wegen Beteiligung am Bandendiebstahl, §§ 242 I, 244 I Nr. 2 StGB strafbar gemacht. Der Zusammenschluss der drei stellt nach allen Meinungen eine Bande dar, da die Mindestgröße jedenfalls erreicht ist. Dass A von der Identität des Dritten, des C, nichts weiß, steht der Annahme einer Bande nicht entgegen, ebenso wenig wie die Tatsache, dass A bei Kenntnis von der Identität des C mit diesem nicht zusammenarbeiten würde.

Null müssen am Tatort sein

Die konkrete Tat kann sogar ein einmalig mitwirkender externer Mittäter ausführen. Seine Wegnahme kann dann gem. § 25 II StGB den anderen Bandenmitgliedern zugerechnet werden, sofern auch diese Mittäter sind. An sich muss in diesem Fall also kein Mitglied der Bande „vor Ort" am Tatort sein.

MERKSATZ

Die Frage nach der Bandenmitgliedschaft darf nicht mit der Frage nach der Mittäterschaft verwechselt werden. Beides ist vielmehr strikt voneinander zu trennen. Ein Bandenmitglied, welches für 10,- € Stundenlohn Schmiere steht, ist nach den allgemeinen Regeln zur Abgrenzung von Täterschaft und Teilnahme bloß Gehilfe, § 27 StGB.

Bande und Täterschaft strikt trennen

Zu beachten ist weiterhin, dass die Bandenmitgliedschaft ein strafschärfendes besonderes persönliches Merkmal i.S.v. § 28 II darstellt. Das bedeutet: Eine Teilnahme (§§ 26, 27 StGB) am Bandendiebstahl kann es nur geben, wenn derjenige selbst auch Mitglied der Bande ist. Sofern dies nicht der Fall ist, findet eine Tatbestandsverschiebung statt, welche die Bandenqualifikation entfallen lässt.

§ 28 II StGB

KLAUSURHINWEIS

Die Haupttäter haben z.B. §§ 244a , 25 II StGB verwirklicht. G hat diesen Personen in Kenntnis der Tatsache, dass es sich um eine Bande handelt, sein Stemmeisen geliehen, damit diese in eine Wohnung einbrechen können. Im Rahmen der Beihilfeprüfung ist dann der objektive und der subjektive Tatbestand bzgl. §§ 244a, 27 StGB zu bejahen. Nach dem subjektiven Tatbestand ist dann als drittes die Tatbestands-verschiebung des § 28 II StGB zu prüfen. Ergebnis: Verschiebung zu §§ 242 I, 244 I Nr. 3, 27 StGB.

BETRUG

A. Einführung

Die verschiedenen Tatbestände

Der in § 263 StGB geregelte Betrug schützt das Vermögen des Opfers vor Schäden, die durch täuschungsbedingte Vermögensverfügungen in Bereicherungsabsicht entstehen. § 263 I StGB ist das Grunddelikt, Abs. 5 regelt den Qualifikationstatbestand des Bandenbetrugs und Abs. 3 enthält Strafzumessungsregeln nach der Regelbeispielsmethode. Der Betrug ist ein Offizialdelikt, ausnahmsweise ist gem. § 263 IV i.V.m. §§ 247, 248a StGB ein Strafantrag erforderlich.

Das geschützte Rechtsgut

Geschütztes Rechtsgut ist ausschließlich das **Vermögen**, nicht die Redlichkeit im Geschäftsverkehr und auch nicht die Dispositionsfreiheit als solche. Prinzipiell darf jeder Teilnehmer am Geschäftsverkehr seine bessere Information oder überlegene Sachkenntnis zu seinem Vorteil ausnutzen.

Das Verhältnis zu anderen Delikten

Der Computerbetrug, § 263a StGB, der Subventionsbetrug, § 264 StGB, und der Kapitalanlagebetrug, § 264a StGB, sind eigenständige Tatbestände.
Von der Erpressung unterscheidet sich der Betrug im Wesentlichen dadurch, dass die vermögensschädigende Handlung eines anderen bei der Erpressung durch Zwang und beim Betrug durch Täuschung erreicht wird. Von den Eigentumsdelikten hebt er sich dadurch ab, dass sein Schutzbereich das Vermögen im Ganzen erfasst und dass der Täter sein Opfer nicht unmittelbar schädigt, sondern es durch Täuschung zur „Selbstschädigung" veranlasst.

Die Tatbestandsvoraussetzungen: Ungeschriebenes Merkmal

Der Gesetzeswortlaut gibt nicht vollständig sämtliche Tatbestandsmerkmale wieder: Ungeschrieben ist das Merkmal der Vermögensverfügung als Bindeglied zwischen Irrtum und Vermögensschaden. Der Betrug setzt also voraus: Im objektiven Tatbestand eine Täuschungshandlung des Täters, einen Irrtum des Getäuschten, eine Vermögensverfügung des Getäuschten und einen Vermögensschaden des Getäuschten oder eines anderen sowie im subjektiven Tatbestand einen erstrebten (nicht notwendig erreichten) rechtswidrigen Vermögensvorteil des Täters oder eines Dritten. Zwischen den Merkmalen des objektiven Tatbestandes muss ein kausaler und funktionaler Zusammenhang und zwischen dem Schaden und dem Vorteil sog. Stoffgleichheit bestehen.

Da der Betrug zwar subjektiv die Bereicherungsabsicht des Täters, aber objektiv keinen tatsächlichen Eintritt der Bereicherung beschreibt, ist er – wie auch der Diebstahl – ein Delikt mit überschießender Innentendenz bzw. ein erfolgskupiertes Delikt.

Vollendung und Beendigung

MERKSATZ
Der Betrug ist vollendet mit Eintritt des Vermögensschadens in Bereicherungsabsicht. Er ist beendet mit tatsächlichem Eintritt der Bereicherung.

B. Der Tatbestand des Betrugs, § 263 StGB

PRÜFUNGSSCHEMA

I. Tatbestand
  1. Täuschung über Tatsachen
  2. Täuschungsbedingter Irrtum
  3. Irrtumsbedingte Vermögensverfügung
  4. Verfügungsbedingter Vermögensschaden
  5. Vorsatz bzgl. 1. bis 4.
  6. Absicht rechtswidriger und stoffgleicher Bereicherung
      a) Bereicherungsabsicht
      b) Stoffgleichheit der beabsichtigten Bereicherung
      c) Rechtswidrigkeit der beabsichtigten Bereicherung
      d) Vorsatz bzgl. b. und c.
II. Rechtswidrigkeit
III. Schuld
IV. Besonders schwerer Fall, § 243 StGB

I. GRUNDLAGEN

KLAUSURHINWEIS
Die Rechtswidrigkeit der beabsichtigten Bereicherung muss (als objektive Komponente) nach der subjektiven Komponente der Bereicherungsabsicht geprüft werden. Erst wenn festgestellt wurde, worauf sich denn die beabsichtigte Bereicherung konkret bezieht, kann auf die Frage eingegangen werden, ob diese erstrebte Bereicherung rechtswidrig war.

1. Eingehungs- und Erfüllungsbetrug

Als absolutes Basiswissen muss der Unterschied zwischen einem Eingehungs- und einem Erfüllungsbetrug verstanden worden sein.

Eingehungsbetrug

Von Eingehungsbetrug spricht man, wenn ein Täter bei Vertragsschluss vortäuscht, er werde die von ihm versprochene Leistung erbringen, obwohl er dies schon zu diesem Zeitpunkt nicht vor hat.

> **BEISPIEL 1:** A kauft bei B einen Laptop auf Rechnung. Schon beim Kauf hat A aber nicht vor, die Rechnung zu bezahlen, und gibt deshalb eine falsche Adresse an. D.h. er täuscht den B über seine Zahlungswilligkeit.

Beim Eingehungsbetrug liegt ein Vermögensschaden vor, wenn ein Vergleich der Vermögenslage vor und nach dem Eingehen der schuldrechtlichen Verbindlichkeit ergibt, dass der Betroffene durch den Vertrag wirtschaftlich schlechter gestellt ist, sei es, weil das Versprochene gegenüber der Leistung des Getäuschten minderwertig, sei es, weil der Versprechende leistungsunfähig oder leistungsunwillig ist.

Erfüllungsbetrug

Von Erfüllungsbetrug spricht man dagegen, wenn der Täter sein Opfer beim Erfüllungsgeschäft über den Wert der Leistung täuscht und sich so einen Vermögensvorteil verschafft.

> **BEISPIEL 2:** A kauft von B über Ebay eine wertvolle Briefmarke. Aus dem anschließenden Mailverkehr schließt B, dass A keine Ahnung von Briefmarken hat. B schickt dem A deshalb eine Fälschung, was A nicht bemerkt.

Eingehungs- und nachfolgender Erfüllungsbetrug

Wird nach einem Eingehungsbetrug der Vertrag dann - wie vom Täter geplant - mit minderwertiger Gegenleistung tatsächlich abgewickelt, so wirkt die Täuschung in den anschließenden Erfüllungsschaden nur fort. Insoweit kann man sagen, dass die Abwicklung (der Erfüllungsbetrug) „bloß" zur Beendigung der Tat führt. Insgesamt handelt es sich dann um einen einzigen (!) Betrug - keinesfalls um zwei Fälle des § 263. (BGH, wistra 1997, 144, 146; Rengier, BT 1, Rn 91a)

KLAUSURHINWEIS
Bilden Sie in einem derartigen Fall einen einheitlichen Obersatz: „Indem T dem O den vergoldeten Ring als angeblich „echtes Gold" verkauft hat und ihm später den bloß vergoldeten Ring übereignet hat, könnte er sich wegen Betrugs gem. § 263 I StGB strafbar gemacht haben." In der Lösung können Sie dann vor allem beim Prüfungspunkt des Vermögensschadens auf den Unterschied zwischen Eingehungsbetrug (Vollendung) und Erfüllungsbetrug (Beendigung) eingehen.

Wird nach dem Eingehungsbetrug auf den nachfolgenden Erfüllungsbetrug verzichtet, so ist der oben beschriebene Schaden nach h.M. eingetreten und das Delikt vollendet. In diesem scheidet ein Rücktritt aus. In der Praxis dürften solche Fälle meist gar nicht beweisbar sein. Wenn doch, bietet sich meist eine Einstellung des Verfahrens (§§ 153 ff. StPO) an.

Eingehungs- ohne Erfüllungsbetrug

2. Die einzelnen Tatbestandsmerkmale
Die Grundlagen des Betrugs werden im Folgenden zunächst am Einführungsfall „Smart-Phones und Provisionsvertreter" herausgearbeitet.

FALL 5: SMART-PHONES UND PROVISIONSVERTRETER
Problemschwerpunkt: Persönlicher Schadeneinschlag; Stoffgleichheit

SACHVERHALT

Student S hat bereits mehrere Male den Studiengang gewechselt. Um die ständig anfallenden Semesterbeiträge begleichen zu können, arbeitet er als Vertreter des Handy-Herstellers H, welcher aktuelle und hochqualitative Smart-Phones herstellt. Dem zwischen S und dem Hersteller H geschlossenen Arbeitsvertrag ist zu entnehmen, dass S auf Provisionsbasis für den H die Smart-Phones vertreibt.

An seinem ersten Arbeitstag begibt sich S in eine Siedlung von der er weiß, dass dort viele ältere Menschen leben. Er klingelt am Haus der 80-jährigen O und unterbreitet ihr ein Angebot für das qualitativ hochwertigste, aktuellste und auch in der Bedienung komplizierteste Smart-Phone, das derzeit auf dem Markt erhältlich ist. O hat Zweifel und erklärt dem S, dass sie Kantinenköchin von Beruf gewesen sei und sich daher mit Technik und dergleichen nur sehr begrenzt auskenne. S allerdings entgegnet, dass das Smart-Phone genau ihre Zielgruppe anspreche und auch von älteren Mitbürgern sehr leicht zu bedienen sei. Dies entspricht allerdings nicht der

Wahrheit. Tatsächlich setzt das Smart-Phone vertiefte technische Kenntnisse und Software-Skills voraus. Von S überredet unterschreibt O den Kundenvertrag zum angemessenen Preis von 500,- €. Freudestrahlend begibt sich S zum Handy-Hersteller H und erhält, wie beabsichtigt, gegen Vorlage des mit O abgeschlossenen Kundenvertrages, die im Arbeitsvertrag vereinbarte Provision i.H.v. 30,- €.

Bevor O die erste Rate überwies, bemerkte sie nach Zusendung des Gerätes und erster Benutzung des Smart-Phones sofort, dass dies nur von Personen mit weit fortgeschrittenen technischen Vorkenntnissen bedient werden kann.

Strafbarkeit des S?

LÖSUNG

A. Strafbarkeit des S gem. § 263 I StGB gegenüber und zum Nachteil der O

S könnte sich des Betruges gem. § 263 I StGB gegenüber und zum Nachteil der O strafbar gemacht haben, indem er ihr unter wahrheitswidrigen Behauptungen ein Smart-Phone unterbreitete.

Klare und eindeutige Bildung von Obersätzen

> **KLAUSURHINWEIS**
> Stellen Sie in dem Obersatz ausdrücklich fest, gegenüber wem und zu wessen Nachteil der Betrug erfolgte. Dies ist insbesondere beim „Dreiecksbetrug" von großer Bedeutung.

I. TATBESTAND

1. Täuschung über Tatsachen
Zunächst müsste S die O über Tatsachen getäuscht haben.

> **DEFINITION**
> **Täuschung** ist jede intellektuelle Einwirkung auf das Vorstellungsbild eines anderen, die geeignet ist, eine Fehlvorstellung über Tatsachen hervorzurufen.
>
> **Tatsachen** sind alle vergangenen oder gegenwärtigen Zustände oder Geschehnisse, die dem Beweis zugänglich sind.

Bloße Werturteile reichen für den Tatbestand des § 263 I StGB nicht aus.

Vorliegend spiegelte S der O vor, dass das von ihm angebotene Smart-Phone genau für ihre Zielgruppe bestimmt und sehr einfach zu bedienen sei.

Hierbei handelt es sich um eine falsche Tatsache, denn das Smart-Phone ist für Personen mit weit fortgeschrittenen technischen Vorkenntnissen bestimmt und keinesfalls für ältere Menschen ohne jegliche technische Kenntnis, wie dies bei O der Fall ist, geeignet. Mithin täuschte S die O über Tatsachen.

2. Täuschungsbedingter Irrtum
Des Weiteren müsste ein täuschungsbedingter Irrtum gegeben sein.

DEFINITION
Irrtum ist jede Fehlvorstellung über Tatsachen.

Vorliegend glaubte O den Ausführungen des S, hatte hierbei allerdings Zweifel. Fraglich ist daher, ob auch beim zweifelnden Opfer noch von einem Irrtum gesprochen werden kann. Einer Ansicht nach ist bei Vorliegen von Zweifeln kein Irrtum gegeben, denn das zweifelnde Opfer hätte die Täuschung erkennen können, sodass hier vielmehr eine Selbstgefährdung gegeben sei.

Problem: Irrtum trotz Zweifeln beim Opfer

Einer anderen Ansicht zufolge soll es jedoch genügen, dass das Opfer die Tatsache für möglicherweise wahr hält und dadurch zur Vermögensverfügung motiviert wird.

Für letztere Ansicht ist ins Feld zu führen, dass ein Opfer, das den Äußerungen des Täters kritisch gegenübersteht nicht weniger schutzwürdig ist als eines, das diesem blind vertraut. Auch leichtfertige Opfer müssen von § 263 I StGB geschützt werden. Zudem ist der Getäuschte schon dann der List des Täters zum Opfer gefallen, wenn er die Vermögensverfügung trotz eines Zweifels vornimmt. Mithin ist letzterer Ansicht zu folgen, sodass S infolge der Täuschung bei O einen Irrtum erregte.

3. Irrtumsbedingte Vermögensverfügung
Des Weiteren müsste eine irrtumsbedingte Vermögensverfügung seitens der O vorliegen.

DEFINITION
Vermögensverfügung ist jedes Handeln, Dulden oder Unterlassen des Opfers, das sich unmittelbar vermögensmindernd auswirkt.

> **KLAUSURHINWEIS**
> Die Vermögensverfügung wird überwiegend „einfach geprüft"
> und nicht hergeleitet.

Eingehungsbetrug

Vorliegend hat O infolge des Irrtums einen Kundenvertrag über ein Smart-Phone i.H.v. 500,- € mit dem Handy-Hersteller H abgeschlossen, sodass hieraus eine Verbindlichkeit zur Zahlung des Kaufpreises nach § 433 II BGB entstand. Mithin liegt in dem Vertragsschluss bereits die irrtumsbedingte Vermögensverfügung der O.

4. Verfügungsbedingter Vermögensschaden
Weiterhin müsste bei O ein verfügungsbedingter Vermögensschaden eingetreten sein.

> **DEFINITION**
> Ein **Vermögensschaden** liegt vor, wenn der Gesamtwert des Vermögens des Opfers durch die Vermögensverfügung verringert wurde.

> **MERKSATZ**
> Im Rahmen dieser Gesamtsaldierung ist somit der Wert des Vermögens des Getäuschten vor der Verfügung mit dem Wert des Vermögens nach der irrtumsbedingten Vermögensverfügung zu vergleichen. Eventuelle Schadenskompensationen sind hierbei zu berücksichtigen. Hierzu gehören aber natürlich nicht diejenigen Ansprüche (z.B. aus § 823 II, 826 BGB), die sich als Folge des Betrugs ergeben.

Durch den Abschluss des Kundenvertrages ist O eine Verbindlichkeit i.H.v. 500,- € eingegangen. Mithin hat sich ihr Vermögen nach dieser irrtumsbedingten Vermögensverfügung um den Wert der eingegangenen Verbindlichkeit gemindert.

Allerdings erhält sie als Gegenleistung einen Anspruch auf Übereignung des Smart-Phones, das den gleichen wirtschaftlichen Wert hat, sodass hierin eine Schadenskompensation liegt.

sog. persönlicher Schadenseinschlag

Möglicherweise könnte der Vermögensschaden jedoch darin liegen, dass das Smart-Phone für die 80-jährige O individuell unbrauchbar sind. In Betracht kommt somit ein sog. persönlicher Schadenseinschlag. Dieser ist gegeben, wenn sich Leistung und Gegenleistung zwar objektiv wirtschaftlich entsprechen, die Leistung allerdings individuell unbrauchbar ist, weil sie nicht zu dem vertraglich vorausgesetzten Zweck oder in anderer zumutbarer Weise verwendet werden kann.

O als 80-jährige gelernte Köchin ohne technische Vorkenntnisse, kann das Smart-Phone aufgrund der Komplexität der Bedienung weder zum Telefonieren, noch in sonstiger zumutbarer Weise verwenden. Folglich ist ein Fall des persönlichen Schadenseinschlags gegeben, sodass ein verfügungsbedingter Vermögensschaden seitens der O eingetreten ist.

> **MERKSATZ**
> Ein **persönlicher Schadenseinschlag** kann in 3 Fällen vorliegen:
> 1. Bei einer individuell unbrauchbaren Leistung (wie im vorliegenden Fall),
> 2. wenn der Empfänger infolge der eingegangenen Verpflichtung zu vermögensschädigenden Folgemaßnahmen genötigt wird,
> 3. wenn der Erwerber nicht mehr über die Mittel verfügen kann, derer er nach seinen wirtschaftlichen und persönlichen Verhältnissen zur angemessenen Lebens- oder Wirtschaftsführung dringend bedarf.

Fallgruppen des persönlichen Schadenseinschlags

5. Vorsatz bezüglich 1. bis 4.
S handelte vorsätzlich hinsichtlich der objektiven Tatbestandsmerkmale.

6. Absicht rechtswidriger und stoffgleicher Bereicherung
Schließlich müsste S mit der Absicht rechtswidriger und stoffgleicher Bereicherung gehandelt haben.

> **DEFINITION**
> **Bereicherungsabsicht** ist die Absicht, sich oder einem Dritten einen rechtswidrigen Vermögensvorteil zu verschaffen.
>
> **Vermögensvorteil** ist jede günstigere Gestaltung der Vermögenslage.
>
> **Stoffgleichheit** der beabsichtigten Bereicherung ist gegeben, wenn diese die Kehrseite des Vermögensschadens beim Opfer darstellt, was der Fall ist, wenn Vorteil und Schaden auf dersel-ben Verfügung beruhen und der Vorteil zu Lasten des geschädigten Vermögens geht.

Ausnahmsweise kann Zueignungsabsicht vorliegen, ohne dass Bereicherungsabsicht gegeben ist, z.B. bei objektiv Wertlosen Sachen.

Der Schaden muss die „Kehrseite" der erstrebten Bereicherung sein.

> **DEFINITION**
> **Rechtswidrig** ist die vom Täter beabsichtigte **Bereicherung** dann, wenn sie im Widerspruch zur materiellen Rechtsordnung steht, d.h. wenn der Täter – oder bei einer Drittbereicherungsabsicht der Dritte – keinen fälligen, durchsetzbaren Anspruch auf die Bereicherung hat.

sog. eigennütziger Betrug: nicht stoffgleich

Vorliegend kam es dem S von Anfang an darauf an, die Provision von dem Handy-Hersteller H zu erhalten. Dieser erstrebte Vermögensvorteil stellt jedoch nicht die Kehrseite des bei O eingetretenen Vermögensnachteils dar. Eine direkte Vermögensverschiebung von O auf S findet nicht statt, sodass es an der Stoffgleichheit der beabsichtigten Bereicherung fehlt.

sog. fremdnütziger Betrug: notwendiges Zwischenziel

In Betracht kommt allerdings ein fremdnütziger Betrug. Dieser liegt vor, wenn der Täter mit der Absicht handelt, einem Dritten einen rechtswidrigen Vermögensvorteil zu verschaffen. Die Verschaffung des Vermögensvorteils beim Dritten muss für den Täter nicht Beweggrund oder Endziel sein. Es genügt vielmehr, wenn der Vorteil notwendiges Zwischenziel für einen dahinter stehenden Zweck ist.

> **KLAUSURHINWEIS**
> Es ist zulässig und durchaus üblich, beide Absichten unter gleicher Überschrift und in der gleichen Prüfung zu bearbeiten.

S beabsichtigte vorliegend den Erhalt einer Provision von dem Handy-Hersteller H. Um diese zu bekommen war der Abschluss des Kundenvertrages mit O, welcher zu einer Bereicherung des H führte, notwendiges Zwischenziel. Folglich handelte S mit der Absicht, den Handy-Hersteller H rechtswidrig zu bereichern. Der Vermögensvorteil des H stellt nun auch die Kehrseite des Vermögensschadens der O dar, sodass die erforderliche Stoffgleichheit gegeben ist. Die Bereicherung war zudem rechtswidrig, was S auch wusste.

II. RECHTSWIDRIGKEIT UND SCHULD SIND EBENFALLS GEGEBEN.

III. ERGEBNIS
Mithin hat sich S wegen Betruges gegenüber und zum Nachteil der O gem. § 263 I BGB strafbar gemacht.

> **KLAUSURHINWEIS**
> Der Schwerpunkt des Falles lag auf der Prüfung der Strafbarkeit des S wegen Betruges gegenüber und zum Nachteil der O gem. § 263 I StGB. Die folgende Prüfung der Strafbarkeit des S wegen Betruges gegenüber und zum Nachteil des Handy-Herstellers H gem. § 263 I StGB dürfen Sie mangels neuer Probleme kürzer halten.

B. Strafbarkeit des S gem. § 263 I StGB gegenüber und zum Nachteil des Handy-Herstellers H

S könnte sich durch den Erhalt der Provision i.H.v. 30,- € wegen Betruges gem. § 263 I StGB gegenüber und zum Nachteil des Handy-herstellers H strafbar gemacht haben.

I. TATBESTAND

1. Täuschung über Tatsachen
Zunächst müsste S den H über Tatsachen getäuscht haben. Eine ausdrückliche Erklärung über das ordnungsgemäße Zustandekommen des Kundenvertrags hat S vorliegend nicht abgegeben. In Betracht kommt jedoch eine Täuschung durch konkludentes Verhalten. Indem S den Kundenvertrag mit O dem H vorlegt, bringt er damit konkludent zum Ausdruck, dass dieser ordnungsgemäß mit dem Kunden abgeschlossen wurde, denn nur ordnungsgemäß zustande gekommene Verträge berechtigen den S zum Erhalt der vereinbarten Provision. Tatsächlich kam der Kundenvertrag, wie oben geprüft, durch arglistige Täuschung der O zustande und berechtigt diese somit zur Anfechtung des Vertrages gem. § 123 I 1. Var. BGB. Mithin liegt eine konkludente Täuschung über die Berechtigung zum Erhalt der Provision i.H.v. 30,- € seitens des S vor.

Näheres zur konkludenten Täuschung in der Vertiefung.

2. Täuschungsbedingter Irrtum
Der Handy-Hersteller H zahlt die Provision aus und glaubt demnach an den ordnungsgemäßen Kundenvertrag mit der O.

3. Irrtumsbedingte Vermögensverfügung
Indem der Mitarbeiter des Handy-Herstellers H dem S die Provision auszahlt, verfügt er über das Vermögen des H. Dass der Verfügende und

Dreiecksbetrug

der Geschädigte nicht identisch sind (sog. Dreiecksbetrug) ist nach dem Gesetzeswortlaut unschädlich.

Um allerdings den Charakter der Betruges als Selbstschädigungsdelikt aufrecht zu erhalten, muss zwischen dem Verfügenden und dem Geschädigten ein Näheverhältnis bestehen. Dies ergibt sich sowohl daraus, dass der Mitarbeiter „im Lager" des H steht, als auch daraus, dass er aus Sicht des H rechtlich befugt ist, entsprechende Rechtshandlungen vorzunehmen.

> **KLAUSURHINWEIS**
> Herrschend ist die sog. „Lagertheorie".

4. Verfügungsbedingter Vermögensschaden
Durch die Auszahlung der Provision i.H.v. 30,- € wird das Vermögen des H um eben diesen Betrag verringert. Der Kundenvertrag mit der O stellt keine Schadenskompensation dar, denn dieser ist, wie bereits oben erläutert, anfechtbar. Demnach liegt ein verfügungsbedingter Vermögensschaden des H vor.

5. Vorsatz bezüglich 1. bis 4.
S handelte hinsichtlich des objektiven Tatbestands auch vorsätzlich.

6. Absicht rechtswidriger und stoffgleicher Bereicherung
S kam es darauf an, die Provision i.H.v. 30,- € zu erhalten. Demnach handelte er mit Bereicherungsabsicht. Des Weiteren stellt der Vorteil des S, die Provision, die Kehrseite des Vermögensschadens des H dar, sodass auch die erforderliche Stoffgleichheit gegeben ist. Schließlich stand dem S der Anspruch auf Auszahlung der Provision nicht zu, da er diesen durch Betrug gegenüber und zum Nachteil der O erschlichen hatte. Demzufolge war die Bereicherung des S auch rechtswidrig.

II. RECHTSWIDRIGKEIT UND SCHULD
sind ebenfalls gegeben.

III. ERGEBNIS
Folglich hat sich S auch wegen Betruges gegenüber und zum Nachteil des Handy-Herstellers H gem. § 263 I StGB strafbar gemacht.

Konkurrenzen
Die beiden Betrugstatbestände stehen zueinander in Tatmehrheit, § 53 StGB.

II. VERTIEFUNG
Zur Vertiefung sollen im folgenden Teil ein paar besonders häufig geprüfte Problembereiche kurz erläutert werden.

1. Die konkludente Täuschung
Eine sog. „konkludente Täuschung" liegt vor, wenn nicht „explizit" die Unwahrheit gesagt wird, sondern bestimmten Erklärungen oder gar Realakten des Täters im konkreten Fall ein „unwahrer Bedeutungsgehalt" beigelegt wird.

„Miterklärte" Tatsachen

> **MERKSATZ**
> Konkludent miterklärt ist eine Tatsache, wenn das Verhalten des Täters ansonsten widersprüchlich wäre.

BEISPIELE: Das Eingehen einer vertraglichen Verpflichtung enthält die konkludente Erklärung des Erfüllungswillens und der Erfüllungsfähigkeit des Verpflichteten (z.B. bei geplanter Zechprellerei).

Der Abschluss eines Vertrages enthält die Erklärung des Vorliegens der Umstände, die den jeweiligen Geschäftstyp ausmachen, d.h. die **Geschäftsgrundlage** bilden. Dem Angebot auf Abschluss eines Vertrages ist also z.B. regelmäßig die konkludente Erklärung zu entnehmen, dass der in Bezug genommene Vertragsgegenstand nicht vorsätzlich zum eigenen Vorteil manipuliert wird.

Konkludente Miterklärung der Achtung der Geschäftsgrundlage

BEISPIELE: Es ist bei Abschluss einer Lebensversicherung von Anfang an geplant, den eigenen Tod vorzutäuschen oder der Täter wettet auf den Ausgang eines Spiels dessen Ergebnis er durch Bestechung des Schiedsrichters beeinflussen will.
Die Einforderung einer Leistung enthält die Erklärung, dass auch ein entsprechender Anspruch besteht. Gleiches gilt bei einer Einziehung von Geld vom Girokonto im Lastschriftverfahren.
Das dingliche Übereignungsangebot enthält die Erklärung, dass zumindest eine Verfügungsbefugnis besteht.

Beispiele für konkludente Erklärungen

GEGENBEISPIELE: Die bloße Entgegennahme einer Leistung enthält nicht die konkludente Erklärung, dass diese Leistung auch geschuldet sei (z.B. wenn die Kassiererin im Supermarkt zu viel Wechselgeld herausgibt).

Das Angebot oder die Lieferung einer Sache enthält nicht die konkludente Erklärung, dass die Sache mangelfrei sei.

Das Angebot einer Ware oder Leistung zu einem bestimmten Preis enthält grds. nicht die konkludente Erklärung, dieser Preis sei angemessen oder üblich.

2. Täuschung durch Unterlassen

Aufklärungspflichten

Ein Betrug durch Unterlassen kommt nur in Betracht, wenn es eine Pflicht zur Aufklärung über den wahren Sachverhalt gibt. Diese ergibt sich nicht schon als Nebenpflicht oder aus Treu und Glauben (§ 242 BGB) aus einer „normalen" (häufig gar nur einmaligen) Vertragsbeziehung des täglichen Lebens. Deshalb besteht z.B. keine Pflicht, über zuviel herausgegebenes Wechselgeld aufzuklären. Anders kann dies bei Dauerschuldverhältnissen und bei ständigen Geschäftsbeziehungen zwischen Kaufleuten sein.

BEISPIELE: Der Wohnungsvermieter V kündigt dem Mieter M wegen Eigenbedarfs. Der Eigenbedarf entfällt vor dem Auszug des M. Hier muss V den M aufklären, dass er in der Wohnung zu den alten Konditionen wohnen bleiben kann.

Die Kaufleute A und B stehen seit Jahren in ständigen Geschäftsbeziehungen. Bei einer Rechnung über 2.300 € überweist B irrtümlich 3.200 €. Hierüber muss A den B aufklären.

Allerdings besteht aus dem Girovertrag keine Aufklärungspflicht des Kunden gegenüber der Bank bei einer Fehlbuchung. Der Kunde ist nämlich in Bankangelegenheiten typischer Weise in einer unterlegenen Position gegenüber der Bank.

3. Dreiecksbetrug

Der Verfügende ist nicht der Geschädigte

Wie bereits im Fall erwähnt, liegt ein Dreiecksbetrug vor, wenn der getäuschte Verfügende nicht der Geschädigte ist.

BEISPIEL: T täuscht die Kassiererin K im Kaufhaus durch ein ausgetauschtes Preisschild über den korrekten Preis der Ware. Den Schaden hat in diesem Fall der Inhaber I.

> **KLAUSURHINWEIS**
> Der Obersatz lautet: „Indem T (...) könnte er sich wegen Betrugs gegenüber der K zum Nachteil des I strafbar gemacht haben."

Der Betrug ist nach ganz h.M. ein sog. Selbstschädigungsdelikt. Vor diesem Hintergrund fällt es aber schwer zu erklären, wo im Beispiel die Selbstschädigung des I liegt. Deshalb ist ein Näheverhältnis zwischen Verfügendem und Geschädigtem nötig, um den Charakter des Betrugs als Selbstschädigungsdelikt aufrecht zu erhalten. Der Irrtum des Verfügenden wird dann quasi als ein Irrtum des Geschädigten behandelt.

Herleitung des nötigen Näheverhältnisses

Streitig ist, nach welchen Kriterien das notwendige Näheverhältnis zu bestimmen ist. Herrschend ist insoweit die sog. Lagertheorie, nach der es genügt, wenn der Verfügende dem Vermögen des Geschädigten näher steht als jeder x-beliebige Dritte. Demgegenüber verlangt die Befugnistheorie eine rechtliche Ermächtigung zur Verfügung.

Lager- und Befugnistheorie

> **MERKSATZ**
> Sofern die Vermögensverfügung oder das Näheverhältnis fehlen, liegt bei erbeuteten Sachen i.d.R. eine Wegnahme (§ 242 StGB) in mittelbarer Täterschaft vor.

Deshalb kann auch die Befugnistheorie nicht überzeugen, da sie eine tatsächliche Frage (Bruch von Gewahrsam) mit einem zivilrechtlichen Kriterium beantworten will.

Ein Sonderfall des Dreiecksbetrugs ist der Prozessbetrug, also ein Betrug gegenüber dem Gericht zum Nachteil der anderen Prozesspartei. Die Nähebeziehung folgt hier aus der rechtlichen Befugnis des Richters, kraft hoheitlicher Stellung Anordnungen unmittelbar zu Lasten fremden Vermögens zu treffen (vgl. § 300 I ZPO).

Prozessbetrug

> **MERKSATZ**
> Beim Geschädigten muss nicht zwingend auch ein Irrtum vorliegen. Es genügt (ist aber auch unverzichtbar), dass beim Verfügenden der Irrtum vorliegt.

BEISPIEL: Beim Prozessbetrug kennt die geschädigte Partei den wahren Sachverhalt; der Irrtum liegt alleine beim verfügenden Gericht.

4. Vermögensbegriffe

Strafbarkeitslücken im Ganovenmilieu

Auf den ersten Blick mag man sich wundern, warum es einen Streit über die Frage gibt, was zum „geschützten Vermögen" gehört. Plausibel wird dies jedoch sofort, sobald man sich z.B. die folgenden Fragen stellt: Kann der gedungene Mörder den Auftraggeber betrügen, indem er Vorkasse kassiert, obwohl er die Tat nicht ausführen will und auch nicht ausführt? Kann man einen Dieb bei der Beuteteilung betrügen?

Im Hintergrund stehen hier also rechtspolitische Fragen. Soll oder muss der Staat im „Ganovenmilieu" regelnd und steuernd eingreifen? Sollen oder müssen hier gar „rechtsfreie Räume" entstehen?

Juristisch-ökonomischer Vermögensbegriff

Nach dem juristisch ökonomischen Vermögensbegriff gehören zum strafrechtlich geschützten Vermögen nur diejenigen Güter und Rechtspositionen, die unter dem Schutz der Rechtsordnung stehen. Hiernach würde in beiden o.g. Beispielen eine Strafbarkeit wegen Betrugs ausscheiden.

Rein wirtschaftlicher Vermögensbegriff

Nach dem rein wirtschaftlichen Vermögensbegriff zählen zum geschützten Vermögen alle Güter und Rechtspositionen, die – unabhängig von ihrer rechtlichen Anerkennung – zumindest einen faktischen (einen tatsächlichen) Wert haben. So hat z.B. auch der unrechtmäßige Besitz an gestohlenem Geld einen „faktischen" Wert, da man das Geld i.d.R. ohne Probleme zum Einkaufen verwenden kann. Hiernach wäre in beiden Beispielsfällen ein Betrug gegeben.

Etwas anders stellt sich die Situation dar, wenn es um die Antwort auf die folgende Frage geht: Kann man einen Auftragskiller um seinen Mordlohn betrügen?

Dies wird nach wohl allg. Ansicht verneint, da der strafbar eingesetzten „Arbeitskraft" des Killers auch kein „faktischer" Wert innewohnt.

Hiervon unterscheidet sich der Fall, wenn der Freier die Prostituierte um ihren Lohn bringt: § 1 ProstG gewährt der Prostituierten nämlich einen durchsetzbaren Anspruch.

Problem: Wird ein Erfolgs- in ein Gefährdungsdelikt umgedeutet?

5. Gefährdungsschaden

Besonders problematisch ist die Fallgruppe des sog. „Gefährdungsschadens" (oder auch „schadensgleiche Vermögensgefährdung"). Schon begrifflich ist diese Begründung eines Schadens zweifelhaft, da der Betrug ein

Erfolgs- und kein Gefährdungsdelikt ist. Dennoch hat auch das BVerfG diese Fallgruppe anerkannt, solange eine „konkrete" Vermögensgefährdung gefordert werde, die mit nachvollziehbaren Kriterien ausgefüllt werde. Solche Kriterien sind der alsbaldige Eintritt des endgültigen Schadens und die vom Berechtigten nicht mehr kontrollierbare Möglichkeit des endgültigen Vermögensverlustes. Weiterhin bedarf es im Falle der Annahme eines Eingehungsbetrugs einer ausreichenden Beschreibung und Bezifferung des täuschungsbedingten Vermögensschadens.

BEISPIEL: Wenn sich der Täter unter falschen Bonitätsangaben eine Kreditkarte erschleicht, erteilt der Kartenaussteller gegenüber dem Leistungserbringer eine Einlösungsgarantie (abstraktes Schuldversprechen). Durch die Überlassung von Kreditkarte und (neuerdings) PIN hat der Täter nunmehr die Möglichkeit, diese Garantie auszulösen.

6. Makeltheorie

Fraglich ist, ob der Erwerber einer Sache, der diese – entgegen seiner Erwartung – nur gutgläubig erworben hat, einen Betrugsschaden erlitten hat.

Gutgläubiger Eigentumserwerb

BEISPIEL: T betrügt O und erlangt dadurch dessen iPad. T verkauft und übereignet dieses an den gutgläubigen Käufer K.

Das iPad ist bei einem Betrug dem O nicht i.S.v. § 935 I BGB abhanden gekommen. Deshalb hat K am iPad gem. §§ 929, 932 BGB gutgläubig Eigentum erworben. Fraglich ist jedoch, ob dies eine „makelbehaftete" also minderwertige Eigentumsposition und mithin einen Vermögensschaden darstellt.

Nach der ursprünglich vom Reichsgericht vertretenen „Makeltheorie" haftet dem iPad ist „sittlicher Makel" an, der einen Schaden begründe.

„Sittlicher" Makel

Der BGH hatte die Makeltheorie modifiziert und nahm einen Unterfall der schadensgleichen Vermögensgefährdung beim nur gutgläubigem Erwerb bisher an bei:

- Einer Gefahr der Strafverfolgung wg. Hehlerei,
- einer Gefahr des Ansehensverlustes in der Umwelt, oder
- einer Gefahr eines Herausgabeprozesses.

Letzteres hat der BGH inzwischen (wohl) aufgegeben, da der Gefährdungsschaden bei der Gefahr eines Herausgabeprozesses nicht hinreichend „bezifferbar" sei.

Mit der h.L. ist die Makeltheorie vollständig abzulehnen. Das gutgläubig erworbene Eigentum stellt nach BGB vollwertiges Eigentum dar, weshalb kein Schaden vorliegt. Ein hiervon abweichender „strafrechtlicher Befund" verletzt das Prinzip der Einheit der Rechtsordnung.

Folgeproblem: Wiederholte Zueignung

> **KLAUSURHINWEIS**
> Nach Ablehnung des Betrugs kommt eine Unterschlagung gem. § 246 in Betracht. Hier stellt sich dann das Folgeproblem, ob eine wiederholte Zueignung möglich ist. Wegen des nunmehr eingetretenen Eigentumsverlustes liegt der Sonderfall der Schadensvertiefung vor. Dies führt dazu, dass die Unterschlagung in Tatmehrheit (§ 53) zum Erstdelikt hinzutritt.

7. Persönlicher/individueller Schadenseinschlag

Nach Gesamtsaldierung „eigentlich" kein Schaden

Bei dieser Fallgruppe geht es um Konstellationen, in denen nach Gesamtsaldierung beim getäuschten Verfügenden „eigentlich" kein Schaden festzustellen ist. Dennoch kann sich ein Schaden daraus ergeben, dass der Getäuschte eine „individuell unbrauchbare" Leistung erhalten hat.

BEISPIEL: A braucht Zubehör für einen Bohrer. Diesen hat er fotografiert und sich die Artikel-Nummer notiert. Im Fachgeschäft des F zeigt A auf seinem Handy das Foto und nennt die Artikel-Nummer des Bohrers. F, der weiß, dass er kein passendes Zubehör auf Lager hat, verkauft A dennoch angeblich „genau das richtige" Zubehör zum regulären Ladenpreis. A ist erbost, als er feststellen muss, dass das Zubehör nicht kompatibel ist.

Im Beispiel hat A nach Gesamtsaldierung keinen Schaden erlitten. Das Zubehör ist für ihn aber nicht zu dem vertraglich vorausgesetzten Zweck brauchbar. Mithin liegt eine individuell unbrauchbare Leistung, also ein Betrugsschaden vor.

Die Rechtsprechung erkennt zwei weitere Fallgruppen eines persönlichen Schadenseinschlags an: Erstens den Fall, dass der Erwerber durch die eingegangene Verpflichtung zu vermögensschädigenden Maßnahmen (z.B. Kreditaufnahme) genötigt wird.

Zweitens den Fall, dass der Erwerber durch die eingegangene

Verpflichtung nicht mehr über die für die ordnungsgemäße Erfüllung seiner Verbindlichkeiten unerlässlichen Mittel verfügen kann. Die letzten beiden Fallgruppen werden von Teilen der Literatur kritisiert, da in diesen Fällen eine unbewusste Selbstschädigung fehle und die Unmittelbarkeit zwischen Verfügung und Schaden nicht gegeben sei.

8. Soziale Zweckverfehlung
Etwas anders gelagert ist die Problematik in folgendem Fall:

BEISPIEL: T sammelt – angeblich für den gemeinnützigen Verein V e.V. – Spenden. In Wirklichkeit verbraucht T jedoch alle Spendengelder zu eigenen Zwecken.

Hier kommt man nach der Gesamtsaldierung „eigentlich" zu einem Schaden. Jedoch muss berücksichtigt werden, dass der Spender ja bewusst auf die äquivalente Gegenleistung verzichtet, da es ja sonst auch keine „Spende" wäre. Nach allgemeiner Ansicht liegt hier dennoch ein Schaden wegen „sozialer Zweckverfehlung" vor, wobei sich die Begründungsmuster unterscheiden. Nach einer Ansicht verlangt § 263 eine unbewusste Selbstschädigung. Diese liege hier in der unbewussten Verfehlung des erstrebten sozialen Zwecks. Nach der (wohl herrschenden) Gegenansicht erfasst § 263 auch Fälle bewusster Selbstschädigung. Nur bei Erreichung des sozialen Zwecks werde der „eigentlich" eingetretene Schaden kompensiert, woran es aber im Beispiel fehlt.

Problem: Opfer weiß, dass es wirtschaftlich keine (vollwertige) Gegenleistung erhält

DIE ABGRENZUNG VON DIEBSTAHL UND BETRUG

A. Einführung

Ob sich der Täter im konkreten Fall wegen Diebstahls, § 242 StGB, oder wegen Betrugs, § 263 StGB, strafbar gemacht hat, ist eine sehr gerne geprüfte Frage und gehört zu den Standardproblemen des besonderen Teils des StGB.

Um sich diesem Problem zu nähern, müssen Sie sich die folgenden Punkte verdeutlichen:

Unterscheide Sach- und Forderungsbetrug

Gem. § 242 StGB können nur Sachen gestohlen werden, keine Forderungen. Folglich kann es beim sog. Forderungsbetrug kein Abgrenzungsproblem zu § 242 StGB geben.

MERKSATZ
Das Abgrenzungsproblem zum Diebstahl stellt sich nur beim sog. „Sachbetrug".

„Bruch" und „Verfügung" schließen sich aus

Das Merkmal der Wegnahme bei § 242 StGB verlangt einen „Bruch" des Gewahrsams. Dieser ist gegeben, wenn der bisherige Gewahrsamsinhaber seinen Gewahrsam ohne oder gegen seinen Willen verliert. Demgegenüber verlangt der Betrug als ungeschriebenes Tatbestandsmerkmal eine Vermögensverfügung. Diese verlangt ein Handeln, Dulden oder Unterlassen, welches sich unmittelbar vermögensmindernd auswirkt. Damit schließen sich schon rein begrifflich Wegnahme und Verfügung aus.

MERKSATZ
Bezüglich der gleichen Sache und der gleichen Handlung schließen sich Diebstahl und Betrug wechselseitig aus.

Im konkreten Fall verdichtet sich damit das Abgrenzungsproblem zur Frage, ob dem Opfer die Sache gegen seinen Willen genommen wurde (dann § 242 StGB) oder ob das Opfer die Sache freiwillig, wenn auch irrtumsbedingt, herausgegeben hat (dann § 263 StGB).

Somit ist ein Abgrenzungskriterium nötig, anhand dessen man diese Frage beantworten kann. Nach ganz h.M. handelt es sich hierbei um das Kriterium des sog. Verfügungsbewusstseins.

Abgrenzungskriterium: Verfügungsbewusstsein

MERKSATZ
Die Abgrenzung von Diebstahl und Sachbetrug erfolgt anhand des Kriteriums des Verfügungsbewusstseins.

Hat das Opfer im konkreten Fall den Gewahrsam an der Sache bewusst aufgegeben, so liegt eine mit Verfügungsbewusstsein vorgenommene Vermögensverfügung, also ein Betrug, vor.
Fehlt es hingegen am Verfügungsbewusstsein, erfolgt der Verlust des Gewahrsams also ohne oder gegen den Willen des bisherigen Gewahrsamsinhabers, liegt eine Wegnahme, also ein Diebstahl, vor.

BEISPIEL: T sammelt Erstauflagen von Asterix-Heften. In seiner Sammlung fehlt nur noch Heft 1: „Asterix der Gallier"
Als T erfährt, dass sein Bekannter B ein entsprechendes Exemplar besitzt, bittet er ihn, sich dieses Heft mal ausliehen zu dürfen, da er zu Hause mal ein Foto seiner – dann vollständigen – Sammlung machen möchte. Hierbei hat T von Anfang an vor, B das Heft nicht zurückzugeben. B vertraut dem T und händigt diesem das Heft leihweise aus.

Im Zeitpunkt der Übergabe des Asterix-Heftes gibt B seinen Gewahrsam an dem Heft bewusst auf und überträgt diesen auf T, der ja die Erlaubnis von B erhält, das Heft mit nach Hause zu nehmen. Ein „Bruch" des Gewahrsams des B erfolgt insoweit nicht. Dass B das Heft nicht herausgegeben hätte, wenn er von den wahren Absichten des T gewusst hätte, spielt insoweit keine Rolle.

MERKSATZ
Das den Tatbestand ausschließende Einverständnis ist wirksam, auch wenn es durch Täuschung erschlichen wurde.

Folglich liegt in der Übergabe des Heftes eine irrtumsbedingte Vermögensverfügung des B. T hat sich wegen Betruges an B strafbar gemacht.

Das Kriterium der Unmittelbarkeit

Allerdings ist zu beachten, dass nicht jede Vermögensverfügung ausreicht, um schon einen Betrug anzunehmen. Vielmehr muss die Verfügung unmittelbar zum Schaden führen (Kriterium der „Unmittelbarkeit"). Wenn die „Verfügung" des Opfers bloß dazu führt, dass der bisherige Gewahrsam gelockert wird, begründet dies noch keinen Betrug. Auch der gelockerte Gewahrsam des Opfers kann vom Täter nämlich gebrochen werden.

Anders formuliert: Wenn die Handlung des Opfers es dem Täter nur erleichtert, den Gewahrsamsbruch vorzunehmen, hat die Handlung des Opfers keinen ausreichenden Verfügungscharakter und es bleibt bei der rechtlichen Beurteilung als Diebstahl. Vgl. hierzu den folgenden Fall:

SACHVERHALT

FALL 6: HOCHZEIT IN MALIBU
Problemschwerpunkt: Verfügungsbewusstsein

T und F stecken inmitten ihrer Malibu-Hochzeitsplanungen. Während F mit ihren besten Freundinnen auf der Suche nach dem perfekten Hochzeitskleid ist, besucht T verschiedene Markengeschäfte in Frankfurt a. M., um sich ein adäquates Sakko zu kaufen.

Im Laden des O stößt er auf ein dunkelblaues Sakko mit hellblauen Highlights, welches zusammen mit anderen Designersakkos hinter einer Glasscheibe hängt. Um erkennen zu können wie gut das Sakko auf der Hochzeit in Malibu aussehen wird, fragt er den O, ob er sich das Sakko draußen vor der Tür im Sonnenlicht anschauen kann. O stimmt diesem Vorhaben zu, öffnet die Vitrine und händigt dem T das Sakko aus. Vor dem Geschäft zieht T sich das Sakko über sein Poloshirt und verschwindet, wie von Anfang an geplant.

Strafbarkeit des T?

LÖSUNG

A. Strafbarkeit des T gem. § 263 I StGB gegenüber und zum Nachteil des O

T könnte sich wegen Betruges gem. § 263 I StGB gegenüber und zum Nachteil des O strafbar gemacht haben, indem er wahrheitswidrig behauptete, sich das Sakko nur vor dem Laden im Tageslicht anschauen zu wollen.

I. TATBESTAND

1. Täuschung über Tatsachen
Zunächst müsste T den O über Tatsachen getäuscht haben.

> **DEFINITION**
> **Täuschung** ist jede intellektuelle Einwirkung auf das Vorstellungsbild eines anderen, die geeignet ist, eine Fehlvorstellung über Tatsachen hervorzurufen.

> **DEFINITION**
> **Tatsachen** sind alle vergangenen oder gegenwärtigen Zustände oder Geschehnisse, die dem Beweis zugänglich sind.

Vorliegend täuschte T den O über seine Kaufbereitschaft, sowie über den Umstand, dass er sich das Sakko nur draußen vor der Tür im Sonnenlicht anschauen möchte. Mithin täuschte T den O über Tatsachen.

Bloße Werturteile reichen für den Tatbestand des § 263 I StGB nicht aus.

2. Täuschungsbedingter Irrtum
Des Weiteren müsste ein täuschungsbedingter Irrtum gegeben sein.

> **DEFINITION**
> **Irrtum** ist jede Fehlvorstellung über Tatsachen.

Vorliegend ging O davon aus, dass T das Sakko eventuell kaufen möchte. Zudem glaubte er auch, dass T sich das Sakko lediglich vor dem Laden anschauen und danach wieder zurückkehren würde. Demnach unterliegt O hinsichtlich beider Tatsachen einem Irrtum.

3. Irrtumsbedingte Vermögensverfügung
Des Weiteren müsste eine irrtumsbedingte Vermögensverfügung seitens des O vorliegen. Vorliegend hat O dem T das Sakko aus der Vitrine ausgehändigt. Fraglich ist allerdings, ob O hiermit eine Vermögensverfügung vorgenommen hat.

DEFINITION
Vermögensverfügung ist jedes Handeln, Dulden oder Unterlassen des Opfers, das sich unmittelbar vermögensmindernd auswirkt.

Abgrenzungskriterium: Verfügungsbewusstsein

Beim sog. Sachbetrug ist allerdings ein Verfügungsbewusstsein erforderlich.

KLAUSURHINWEIS
Um eine Abgrenzung von Diebstahl und Betrug, d.h. von den Tatbestandsmerkmalen Wegnahme und Verfügung vorzunehmen, fordert die h.M. beim Sachbetrug ein Verfügungsbewusstsein.

Demgemäß muss dem getäuschten Gewahrsamsinhaber die vollständige Übertragung oder Aufgabe des Gewahrsams bewusst sein. O hat dem T das Sakko lediglich zur Ansicht ausgehändigt. Dabei hatte er jedoch nicht das Bewusstsein, seinen Gewahrsam vollständig aufzugeben und diesen auf T zu übertragen. Sein innerer Wille ging lediglich dahin, durch die Übergabe des Sakkos den Gewahrsam zu lockern.

sog. Gewahrsamslockerung

Bloße Gewahrsamslockerungen sind allerdings keine Verfügungen i.S.d. § 263 I StGB. Mithin bleibt in der Person des O zumindest ein Gewahrsamsrest bestehen, der durch das Entfernen vom Geschäft des O durch den T aufgehoben, d.h. gebrochen werden kann. Mithin ist keine Vermögensverfügung gegeben.

II. ERGEBNIS
Eine Strafbarkeit des T wegen Betruges gem. § 263 I StGB scheidet damit aus.

Unmittelbarkeitserfordernis

KLAUSURHINWEIS
Einer anderen Ansicht nach scheitert der Betrug am Unmittelbarkeitserfordernis i.R.d. Vermögensverfügung. Danach ist Verfügung jedes Handeln, Dulden oder Unterlassen, das sich unmittelbar, d.h. ohne zusätzliche deliktische Zwischenhandlungen des Täters, vermögensmindernd auswirkt.

Eine weitere Auffassung sieht in der Gewahrsamslockerung eine Vermögensverfügung, sodass demnach eine derartige irrtumsbedingte Vermögensverfügung gegeben wäre. Allerdings mangelt es schließlich daran, dass der Vermögensschaden nicht unmittelbar durch die Vermögensverfügung entstanden ist.

B. Strafbarkeit des T gem. § 242 I StGB

Möglicherweise könnte sich T jedoch wegen Diebstahls gem. § 242 I StGB strafbar gemacht haben, indem er sich mit dem Sakko des O von dessen Geschäft entfernte.

I. TATBESTAND

1. Tatobjekt: fremde bewegliche Sache.
Dazu müsste es sich bei dem Sakko zunächst um eine fremde bewegliche Sache handeln.

> **DEFINITION**
> **Sache** im Sinne von § 242 I ist jeder körperliche Gegenstand.
> **Beweglich** ist eine Sache, wenn sie tatsächlich fortgeschafft werden kann.
> **Fremd** ist eine Sache, wenn sie zumindest auch im Eigentum einer anderen Person steht.

Das Sakko stand im Eigentum des O, sodass es sich hierbei um eine für T fremde bewegliche Sache handelt.

2. Wegnahme
Des Weiteren müsste T das Sakko weggenommen haben.

> **DEFINITION**
> **Wegnahme** ist der Bruch fremden und die Begründung neuen, nicht notwendig tätereigenen, Gewahrsams.

O hatte nicht das Bewusstsein, den Gewahrsam an dem Sakko vollständig an T zu übertragen (s.o.), sodass ein tatbestandsausschließendes Einverständnis des O hinsichtlich der Wegnahme durch T nicht gegeben ist. Fraglich ist allerdings, ob T bereits mit dem Überziehen des Sakkos über sein Poloshirt neuen Gewahrsam begründet hat.

DEFINITION
Der Täter hat **neuen Gewahrsam** begründet, wenn er oder ein Dritter die Sachherrschaft derart erlangt hat, dass er sie ohne Behinderung durch den früheren Gewahrsamsinhaber ausüben und dieser seinerseits ohne Beseitigung der Sachherrschaft des Täters nicht mehr über die Sache verfügen kann.

Anprobe von Kleidung als Enklave?

Zieht der Täter fremde Kleidungsstücke unter die eigene Bekleidung an, so ist hierin eine Gewahrsamsenklave zu erblicken, wie sie auch durch das Einstecken fremder Gegenstände in Jackentaschen entsteht. Durch das bloße Überziehen des Sakkos über das Poloshirt wird dem T nach der Verkehrsanschauung jedoch noch nicht die Sachherrschaft darüber zugeordnet. Folglich entstand dadurch keine Gewahrsamsenklave, sodass T mit dem Überziehen des Sakkos noch keinen neuen Gewahrsam begründet hat.

Neuer Gewahrsam wird allerdings dadurch begründet, dass sich T mit dem Sakko vom Geschäft des O entfernt. Mithin ist eine Wegnahme gegeben.

II. VORSATZ BZGL. DER WEGNAHME EINER FREMDEN BEWEGLICHEN SACHE SOWIE ABSICHT RECHTSWIDRIGER ZUEIGNUNG

Schließlich handelte T auch vorsätzlich bezüglich der Wegnahme einer fremden beweglichen Sache und mit der Absicht, sich das Sakko rechtswidrig zuzueignen.

III. RECHTSWIDRIGKEIT UND SCHULD
T handelte auch rechtswidrig und schuldhaft.

IV. ERGEBNIS
Folglich hat sich T gem. § 242 I StGB strafbar gemacht.

FALLENDE

B. Vertiefung

Als besonders problematisch gelten Fälle in Supermärkten, bei denen der Täter in Verpackungskartons zusätzliche oder wertvollere Gegenstände verbirgt, um diese nicht bezahlen zu müssen. Wenn die Kassiererin dann bloß den „eigentlichen" Kartoninhalt in Rechnung stellt, ist fraglich, ob der verborgene Gegenstand durch Betrug erlangt oder gestohlen worden ist.

> **BEISPIEL:** In einem Heimwerkermarkt werden „Winkelschleifer" verkauft. T öffnet den Verpackungskarton, legt noch „Winkelschleifer-Scheiben" im Wert von 30,- € hinzu und verschließt den Karton wieder. An der Kasse bemerkt die Kassiererin die Manipulation nicht und kassiert bloß den Winkelschleifer.

„Winkelschleifer-Fall"

In derartigen Fällen stellt sich die Frage, ob die Kassiererin über den verborgenen Gegenstand verfügt hat.

Nach einer Ansicht besteht ein generelles Verfügungsbewusstsein der Kassiererin. Diese übergebe dem Täter den gesamten Karton samt Inhalt, sodass auch über den gesamten Inhalt verfügt werde. Auf der Basis dieses sog. „abstrakten" Verfügungsbewusstseins hätte sich T wegen Betrugs strafbar gemacht.

Abstraktes Verfügungsbewusstsein

Nach der wohl überwiegenden Gegenansicht hat die Kassiererin ein bloß „konkretes" Verfügungsbewusstsein. Sie wolle nur über diejenigen Gegenstände eine Verfügung treffen, die Gegenstand des Kaufvertrags seien. Welche das sind, ergebe sich auch dem Kassenbon. Da der verborgene Gegenstand auf dem Kassenbon nicht auftauche und da es über diesen auch keinen Kaufvertrag gibt, habe die Kassiererin insoweit auch kein Verfügungsbewusstsein. Nach dieser Ansicht wäre der verborgene Gegenstand folglich gestohlen worden.

Konkretes Verfügungsbewusstsein

Anders ist der Fall bei durchsichtigen Verpackungen zu lösen. Hier wird der Gegenstand schon gar nicht verborgen. Vielmehr täuscht der Täter über den korrekten Inhalt der Verpackung. Insoweit liegt ein Betrug vor.

UNTERSCHLAGUNG

A. Einführung

Die verschiedenen Tatbestände

Die Unterschlagung, § 246 StGB, ist ein reines Eigentumsdelikt. Sie ist ein Auffangtatbestand, die alle Formen der rechtswidrigen Zueignung fremder beweglicher Sachen erfasst. § 246 StGB ist ein Offizialdelikt, d.h. es wird von Amts wegen verfolgt, ausnahmsweise ist gem. § 247 StGB, § 248a StGB ein Strafantrag erforderlich, der jedoch im Fall des § 248a StGB durch die Bejahung des besonderen öffentliches Interesses an der Strafverfolgung durch die Staatsanwaltschaft ersetzt werden kann. Die veruntreuende Unterschlagung, § 246 II StGB, ist Qualifikationstatbestand des § 246 I StGB und erfasst die Zueignung anvertrauter Sachen. Der Versuch ist strafbar, § 246 III StGB.

Das geschützte Rechtsgut

Die Vorschrift schützt abweichend von § 242 nur das Eigentum, weshalb auch nur der Eigentümer strafantragsbefugt ist.

Das Verhältnis zu anderen Delikten

Wegen der **Subsidiaritätsklausel** am Ende von Absatz 1 tritt § 246 StGB zurück, wenn die Tat in anderen Vorschriften mit schwererer Strafe bedroht ist. Hierbei ist vor allem streitig, ob dies wirklich für alle Delikte gilt, oder nur für Delikte mit gleicher Schutzrichtung. Der BGH vertritt die erste Ansicht, da eine restriktive Auslegung der Subsidiaritätsklausel gegen die Wortlautgrenze der Auslegung verstoße und eine Analogie zum Nachteil des Täters darstellen würde.

Die Tatbestandsvoraussetzungen

Tatbestandlich setzt § 246 StGB die Zueignung fremder beweglicher Sachen an sich oder einen Dritten voraus.

Vollendung und Beendigung

Mit der Zueignung ist die Tat vollendet. Ungeklärt ist die Frage, ob es bei § 246 StGB eine Beendigungsphase gibt. Manche wollen eine solche annehmen, bis sich der Gewahrsam beim Täter oder beim Drittem verfestigt hat.

B. Der Tatbestand der Unterschlagung, § 246 StGB

PRÜFUNGSSCHEMA

- I. Tatbestand
  1. Fremde bewegliche Sache
  2. Zueignung
     a) Zueignungswille
        aa) Aneignungswille
        bb) Enteignungswille
     b) Manifestationshandlung
  3. Rechtswidrigkeit der Zueignung
  4. Vorsatz
- II. Rechtswidrigkeit
- III. Schuld

I. GRUNDLAGEN
Die Grundlagen der Unterschlagung werden im Folgenden zunächst am Einführungsfall „Die DVD" herausgearbeitet.

FALL 7: DIE DVD
Problemschwerpunkt: Manifestationstheorien

SACHVERHALT

L hat sich von E eine DVD geliehen. Inzwischen gefällt ihm die DVD so gut, dass L beschließt, sie nicht an E zurückzugeben. Er sortiert die DVD deshalb in seine alphabetisch sortierte DVD-Sammlung ein.

Strafbarkeit des S?

A. Strafbarkeit gem. § 246 I, II StGB

LÖSUNG

Indem L die DVD in seine Sammlung einsortiert hat, könnte er sich wegen veruntreuender Unterschlagung gem. § 246 I, II StGB strafbar gemacht haben.

I. TATBESTAND DES GRUNDDELIKTS, § 246 I

1. Fremde bewegliche Sache
Bei der DVD, die im Eigentum des E steht, handelt es sich für den L um eine fremde bewegliche Sache.

2. Zueignung
Fraglich ist, ob er sich die DVD durch die Einsortierung in seine DVD-Sammlung zugeeignet hat.

> **DEFINITION**
> **Zueignung** ist die Manifestation des Zueignungswillens in objektiv erkennbarer Weise.

Andere Anforderung als bei § 242, wo Zueignungsabsicht geprüft werden muss

a) Zueignungswille
Der Zueignungswille setzt voraus, dass es einen Willen zur Aneignung und einen Willen zur Enteignung gibt.

aa) Aneignungswille

> **DEFINITION**
> **Aneignungswille** ist der Wille, die Sache selbst oder den in ihr verkörperten Sachwert wenigstens vorübergehend dem eigenen Vermögen oder dem Vermögen eines Dritten einzuverleiben.

L will die DVD dauerhaft für sich behalten, damit will er sie wenigstens vorübergehend in sein Vermögen einverleiben. L hat Aneignungswillen.

bb) Enteignungswille

> **DEFINITION**
> **Enteignungswille** ist der Wille, den Berechtigten auf Dauer aus seiner Eigentümerposition zu verdrängen, d.h. ihm die Sache selbst oder den in ihr verkörperten Sachwert auf Dauer zu entziehen.

Da L die DVD dauerhaft behalten möchte, ist auch der Enteignungswille zu bejahen.

b) Manifestationshandlung

Problem: Die unterschiedlichen Manifestationstheorien

Dieser Zueignungswille des L müsste sich in objektiv erkennbarer Weise manifestiert haben. Fraglich ist, wie dies zu bestimmen ist. Nach einer Ansicht muss sich der Wille bloß für einen „allwissenden" Beobachter manifestieren, also einen Beobachter, der auch den Zueignungswillen des Täters kennt. Nach dieser sog. weiten Manifestationstheorie stellt das Einsortieren in die eigene Sammlung eine Manifestation des Zueignungswillens dar.

Nach anderer Ansicht muss sich der Wille sogar für einen neutralen Beobachter manifestieren. Das Einsortieren der DVD ist eindeutig dem deliktischen Bereich zuzuordnen, weshalb auch nach dieser sog. **engen Manifestationstheorie** eine Manifestationshandlung zu bejahen ist.

Folglich liegt nach allen Auffassungen eine Zueignung der DVD vor.

3. Rechtswidrigkeit der Zueignung
L hatte keinen Anspruch auf die Übereignung der DVD. Die Zueignung war folglich rechtswidrig.

4. Vorsatz
L handelte in Kenntnis aller Tatumstände mit dem Willen zur Tatbestandsverwirklichung, also vorsätzlich.

II. TATBESTAND DER QUALIFIKATION
Indem L die entliehende DVD in seine Sammlung einsortiert hat, könnte er sich auch wegen veruntreuender Unterschlagung strafbar gemacht haben. Dazu müsste ihm die DVD von E anvertraut worden sein.

Veruntreuende Unterschlagung

> **DEFINITION**
> **Anvertraut** im Sinne des § 246 II sind Sachen, deren Besitz oder Gewahrsam dem Täter in dem Vertrauen eingeräumt worden ist, er werde die Gewalt über sie nur im Sinne des Einräumenden ausüben.

Hierfür genügt es, dass er Besitz oder Gewahrsam an einer Sache kraft eines Rechtsgeschäfts mit der Verpflichtung erlangt hat, sie zurückzugeben oder zu einem bestimmten Zweck zu verwenden. Dies ist bei einer Leihe gem. § 604 I – III BGB der Fall. Mithin war die DVD dem L von E anvertraut. L handelte in Kenntnis aller Tatumstände mit dem Willen zur Tatbestandsverwirklichung, also vorsätzlich.

III. RECHTSWIDRIGKEIT
Mangels Rechtfertigungsgründen war die Tat auch rechtswidrig.

IV. SCHULD
L handelte schuldhaft.

FALLENDE

L hat sich wegen veruntreuender Unterschlagung strafbar gemacht.

ABSCHLUSSFALL zu §§ 242, 263, 246

SACHVERHALT

FALL 8: VERWAHRT, VERSCHWIEGEN, VERSTEIGERT
Problemschwerpunkt: Wiederholte Zueignung

Der Mediziner Dr. T war auf einem 3-tägigen Kongress in Denver, Colorado. Für die Zeit seiner Reise wollte er eines seiner Lehrbücher „Erkenntnisse der inneren Medizin" (Wert 85,- €) sicher verwahren und gab es daher, verstaut in einer DIN A4 großen schwarzen Tasche mit Klettverschluss, am dafür vorgesehenen Schalter am Flughafen ab. Diesen Service des Flughafens hatte er zwar zuvor noch nie genutzt, dachte sich jedoch, dass es dort sicherer untergebracht sei als in seiner Wohnung.

Angekommen am Terminal suchte er sofort den Schalter auf, um wieder in den Besitz seines Buches zu kommen. Der Flughafenmitarbeiter F legte jedoch aus Versehen nicht die Tasche des Dr. T auf den Tresen, sondern eine ebenfalls schwarze Notebook-Tasche mit Reißverschluss und kleinem Schloss. Darin befand sich ein sehr teures Notebook (Wert: 2.000 €). Dies erkannte Dr. T sofort. Dennoch schwieg er, nahm die Tasche entgegen und machte sich auf den Heimweg.

Angekommen in seiner Penthousewohnung brach er das am Reißverschluss befestigte Schloss auf und öffnete die Tasche. Auf der Unterseite des Notebooks war ein Aufkleber mit folgendem Inhalt angebracht: „Property of Mr. O, address: ..., e-mail: ...". Diesen Aufkleber entfernt Dr. T unverzüglich. In der darauffolgenden Woche kam Dr. T eine Idee. Nachdem er sämtliche Daten des Mr. O, die sich auf dem Notebook befanden, gelöscht hatte, registrierte er sich bei dem online-Marktplatz e-buy mit seinen Daten und stellte das Notebook als Angebot ein. Es verzeichnen sich sofort zahlreiche Gebote. Schließlich erhält der Höchstbietende K aus Mainz den Zuschlag zu einem Preis von 1.700 €. K überweist sofort den Kaufpreis auf das Konto des Dr. T. Daraufhin verschickt Dr. T – wie geplant – das Notebook an K, der dieses drei Tage später auch erhält.

Strafbarkeit des Dr. T?

Bearbeiterhinweis:
§ 274 StGB ist nicht zu prüfen.
Des Weiteren ist lediglich das Notebook selbst als Tatobjekt anzusehen. Aus Platzgründen wird die Notebooktasche als mögliches Tatobjekt nicht behandelt.

1. TATKOMPLEX: DAS GESCHEHEN AM SCHALTER IM TERMINAL

LÖSUNG

A. Strafbarkeit des Dr. T gem. § 242 I StGB

Dr. T könnte sich wegen Diebstahls gem. § 242 I StGB strafbar gemacht haben, indem er das Notebook mitgenommen hat.

I. TATBESTAND

1. Tatobjekt: fremde bewegliche Sache
Dazu müsste es sich zunächst bei dem Notebook um eine fremde bewegliche Sache handeln.

> **DEFINITION**
> **Sache** im Sinne von § 242 I ist jeder körperliche Gegenstand, § 90 BGB.
> **Beweglich** ist eine Sache, wenn sie tatsächlich fortgeschafft werden kann.
> **Fremd** ist eine Sache, wenn sie (nach bürgerlichem Recht) zumindest auch im Eigentum einer anderen Person steht.

Das Notebook stellt einen körperlichen Gegenstand i.S.d. § 90 BGB dar, der tatsächlich fortbewegt werden kann und auch im Alleineigentum des O stand, somit für Dr. T fremd ist. Mithin liegt eine fremde bewegliche Sache vor.

2. Wegnahme
Des Weiteren müsste Dr. T das Notebook weggenommen haben.

> **DEFINITION**
> **Wegnahme** ist der Bruch fremden und die Begründung neuen, nicht notwendig tätereigenen, Gewahrsams.

a) Bestehen fremden Gewahrsams
Zunächst müsste überhaupt fremder Gewahrsam an dem Notebook bestanden haben.

> **DEFINITION**
> **Gewahrsam** ist die tatsächliche Sachherrschaft eines Menschen über eine Sache, getragen von einem natürlichen Herrschaftswillen, wobei deren Vorliegen nach der Verkehrsanschauung zu beurteilen ist.
>
> **Tatsächliche Sachherrschaft** besteht, wenn der unmittelbaren Verwirklichung des Einwirkungswillens auf die Sache keine Hindernisse entgegenstehen.
>
> **Herrschaftswille** ist der Wille, mit der Sache nach eigenem Belieben verfahren zu können.

Problem: Gewahrsam am Inhalt der Tasche

Fraglich ist, wer vorliegend Gewahrsam an dem Notebook hatte. Nach der Verkehrsanschauung hat grundsätzlich derjenige, der die tatsächliche Sachherrschaft über die Sache ausübt auch den Alleingewahrsam daran. Demnach wäre der Flughafenangestellte F Alleingewahrsamsträger. Vorliegend handelt es sich allerdings um eine verschlossene Tasche, in der sich das Notebook befindet, sodass fraglich ist, wer den Gewahrsam an dessen Inhalt hat.

Schlüsselinhaber

Einer Ansicht zufolge hat der Schlüsselinhaber immer einen Mitgewahrsam an dem Inhalt des Behältnisses. Einer anderen Auffassung nach ist zu differenzieren. Handelt es sich um ortsfeste, nur schwer bewegbare Behältnisse, hat der Schlüsselinhaber zumindest Mitgewahrsam an dem Inhalt. Bei selbstständigen, frei bewegbaren Behältnissen hat jedoch derjenige, der die tatsächliche Sachherrschaft über das Behältnis hat, auch den Alleingewahrsam an dessen Inhalt.

Art des Behältnisses

Bei bewegbaren Behältnissen kann der Gewahrsamsinhaber diese problemlos, auch ohne die Mitwirkung des Schlüsselinhabers, samt Inhalt fortschaffen, sodass letztere Ansicht vorzugswürdig ist.

Bei der Notebook-Tasche handelt es sich um ein bewegbares Behältnis, sodass der F den Alleingewahrsam an dessen Inhalt und am Behältnis selbst hatte. Mr. O ist bereits zu intensiv aus der tatsächlichen Sachherrschaft verdrängt und hatte zudem keine ungehinderte Zugriffsmöglichkeit auf seine Tasche. Folglich besteht Alleingewahrsam des F an der Notebook-Tasche samt Inhalt, also dem Notebook, sodass fremder Gewahrsam besteht.

b) Bruch fremden und Begründung neuen Gewahrsams
Weiterhin müsste Dr. T den fremden Gewahrsam des F gebrochen und neuen Gewahrsam an dem Notebook begründet haben.

> **DEFINITION**
>
> **Fremder Gewahrsam** wird gebrochen, wenn die Gewahrsamsverschiebung (die Aufhebung des fremden und Begründung neuen Gewahrsams) ohne oder gegen den Willen des bisherigen Gewahrsamsinhabers erfolgt.
>
> Der Täter hat neuen Gewahrsam begründet, wenn er oder ein Dritter die Sachherrschaft derart erlangt hat, dass er sie ohne Behinderung durch den früheren Gewahrsamsinhaber ausüben und dieser seinerseits ohne Beseitigung der Sachherrschaft des Täters nicht mehr über die Sache verfügen kann.

F hat Dr. T das Notebook freiwillig und bewusst übergeben, sodass eine willentliche Gewahrsamsübertragung, mithin ein tatbestandsausschließendes Einverständnis vorlag. Demnach ist mangels Bruch fremden Gewahrsams, eine Wegnahme nicht gegeben.

II. ERGEBNIS
Folglich hat sich Dr. T nicht wegen Diebstahls gem. § 242 I StGB strafbar gemacht.

B. Strafbarkeit des Dr. T wegen Betrugs gem. § 263 I StGB gegenüber F und zum Nachteil des O

Dr. T könnte sich allerdings wegen Betrugs gegenüber dem Flughafenmitarbeiter F und zum Nachteil des Mr. O strafbar gemacht haben, indem er das Notebook in der Tasche entgegengenommen hat.

Konkludente Täuschung am Schalter

I. TATBESTAND

1. Täuschung über Tatsachen
Zunächst müsste Dr. T den F über Tatsachen getäuscht haben.

> **DEFINITION**
> **Täuschung** ist jede intellektuelle Einwirkung auf das Vorstellungsbild eines anderen, die geeignet ist, eine Fehlvorstellung über Tatsachen hervorzurufen.
>
> Dies kann durch Verfälschung wahrer oder durch Entstellung oder Unterdrückung falscher Tatsachen geschehen.
>
> **Tatsachen** sind alle vergangenen oder gegenwärtigen Zustände oder Geschehnisse, die dem Beweis zugänglich sind.

Vorliegend hat Dr. T nicht ausdrücklich erklärt, dass er Eigentümer der Notebook-Tasche samt Inhalts sei, sodass mangels Kommunikation keine ausdrückliche Täuschung gegeben ist.

Realakt als konkludente Täuschung?

In Betracht kommt allerdings eine konkludente Täuschung. Darunter versteht man ein auf Irreführung gerichtetes Gesamtverhalten, das nach der Verkehrsanschauung als stillschweigende Erklärung über Tatsachen zu verstehen ist.

Dr. T hat die Tasche mit Inhalt von F bloß entgegengenommen. F ging dabei davon aus, dass die Tasche dem T gehöre. In der bloßen Entgegennahme liegt jedoch nicht die schlüssige Erklärung, dass er auch einen Anspruch auf die Übergabe hat. Mithin liegt ein bloßes Ausnutzen eines bereits bestehenden Irrtums des F, ohne täuschendes Zutun, vor. Somit liegt keine Täuschung durch aktives Tun vor.

II. ERGEBNIS

Mangels Täuschung über Tatsachen hat sich Dr. T nicht gem. § 263 I StGB strafbar gemacht.

C. Strafbarkeit des T wegen Betrugs durch Unterlassen gem. §§ 263 I, 13 I StGB

Unterlassensvorwurf am Schalter

Dr. T könnte sich gem. §§ 263 I, 13 I StGB wegen Betrugs durch Unterlassen gegenüber F und zum Nachteil des O strafbar gemacht haben, indem er den Koffer entgegengenommen hat, ohne den F auf den Fehler aufmerksam zu machen.

I. TATBESTAND

1. Täuschung über Tatsachen

T müsste den F über Tatsachen durch ein Unterlassen getäuscht haben.

DEFINITION
Täuschung ist jede intellektuelle Einwirkung auf das Vorstellungsbild eines anderen, die geeignet ist, eine Fehlvorstellung über Tatsachen hervorzurufen.

Tatsachen sind alle vergangenen oder gegenwärtigen Zustände oder Geschehnisse, die dem Beweis zugänglich sind.

Der Betrug ist auch durch ein Unterlassen begehbar. Dazu müsste den T jedoch eine Garantenstellung gem. § 13 I StGB im Sinne einer Aufklärungspflicht treffen. Diese kann sich aus Vertrag, Gesetz, Ingerenz oder besonderem Vertrauensverhältnis ergeben. Fraglich ist also, ob vorliegend eine solche Aufklärungspflicht des T besteht. *Aufklärungspflicht*

Der zwischen dem Schalterangestellten im Terminal und Dr. T geschlossene Verwahrungsvertrag stellt keine solche Aufklärungspflicht dar.

Aus Gesetz oder Ingerenz ist eine solche Aufklärungspflicht vorliegend ebenfalls nicht ersichtlich.

Möglicherweise könnte eine solche aus Treu und Glauben gem. § 242 BGB bestehen. Die bloße Anstößigkeit des Schweigens genügt hierfür jedoch nicht. Es müssen vielmehr besondere Umstände, wie eine besondere Vertrauensbeziehung vorliegen. Dr. T hatte den Verwahrungsservice des Flughafenbetreibers zuvor noch nie genutzt, sodass hier keine dauernde Geschäftsbeziehung oder gar ein Dauerschuldverhältnis gegeben ist, mithin nicht von einer besonderen Vertrauensstellung ausgegangen werden kann. Demnach liegt auch keine besondere Vertrauensstellung vor, sodass auch eine Garantenstellung aus Treu und Glauben ausscheidet.

II. ERGEBNIS
Demgemäß hat sich Dr. T nicht wegen Betrugs durch Unterlassen nach §§ 263 I, 13 I StGB strafbar gemacht.

D. Strafbarkeit des Dr. T wegen Unterschlagung gem. § 246 I StGB

Dr. T könnte sich jedoch durch das Mitnehmen des Notebooks wegen Unterschlagung gem. § 246 I StGB strafbar gemacht haben.

Unterschlagung ist subsidiär

> **KLAUSURHINWEIS**
> Erst an dieser Stelle – nachdem alle in Betracht kommenden und härter bestraften Delikte geprüft wurden – darf die subsidiäre Unterschlagung geprüft werden.

I. TATBESTAND

1. Tatobjekt: Fremde bewegliche Sache
Bei dem Notebook handelt es sich um eine fremde bewegliche Sache (siehe oben).

> **KLAUSURHINWEIS**
> Diesen Punkt können sie mit Hilfe eines Verweises behandeln oder mittels einer „Indem-Subsumtion" prüfen, da bereits im Rahmen des § 242 I StGB eine ausführliche Prüfung dieses Tatbestandsmerkmals stattfand.

2. Zueignung
Des Weiteren müsste sich T das Notebook zugeeignet haben.

DEFINITION
Zueignung ist die Manifestation des Zueignungswillens in objektiv erkennbarer Weise.

a) Zueignungswille
Dazu müsste Dr. T zunächst mit Zueignungswillen gehandelt haben.

DEFINITION
Aneignungswille ist der Wille, die Sache selbst oder den in ihr verkörperten Sachwert wenigstens vorübergehend dem eigenen Vermögen oder dem Vermögen eines Dritten einzuverleiben.

Enteignungswille ist der Wille, den Berechtigten auf Dauer aus seiner Eigentümerposition zu verdrängen, d.h. ihm die Sache selbst oder den in ihr verkörperten Sachwert auf Dauer zu entziehen.

> **MERKSATZ**
> Beachte den Unterschied zu § 242 I StGB: dort „Aneignungsabsicht" und „Enteignungswille" - bei § 246 I StGB „Aneignungswille" und ebenfalls „Enteignungswille".

Dr. T handelte mit zielgerichteter Absicht hinsichtlich der Aneignung des Notebooks und nahm die dauerhafte Enteignung des Mr. O billigend in Kauf. Folglich handelte T mit Zueignungswillen.

b) Manifestationshandlung
T müsste seinen Zueignungswillen in objektiv erkennbarer Weise manifestiert haben.
Indem Dr. T das Notebook mitnahm brachte er in äußerlich erkennbarer Weise zum Ausdruck, dass er diese behalten möchte. Somit hat er auch seinen Zueignungswillen manifestiert und sich demnach das Notebook zugeeignet.

3. Rechtswidrigkeit der Zueignung
T hatte keinen fälligen und einredefreien Anspruch hinsichtlich der Zueignung des Notebooks, sodass dies auch objektiv rechtswidrig war.

4. Vorsatz
Dr. T handelte schließlich auch mit Wissen und Wollen hinsichtlich der fremden beweglichen Sache und wusste auch um die Rechtswidrigkeit der Zueignung.

II. RECHTSWIDRIGKEIT UND SCHULD
Dr. T handelte zudem rechtswidrig und schuldhaft.

III. ERGEBNIS
Mithin hat sich Dr. T wegen Unterschlagung gem. § 246 I StGB strafbar gemacht.

2. TATKOMPLEX: DAS GESCHEHEN IN DER PENTHOUSE WOHNUNG

A. Strafbarkeit des Dr. T wegen Diebstahls in besonders schwerem Fall gem. §§ 242 I, 243 I 2 Nr. 2 StGB

T könnte sich wegen Diebstahls in besonders schwerem Fall gem. §§ 242 I, 243 I 2 Nr. 2 STGB strafbar gemacht haben, indem er das Notebook aus der Notebook-Tasche nahm.

I. TATBESTAND

1. Tatobjekt: Fremde bewegliche Sache
Bei dem Notebook handelt es sich um eine fremde bewegliche Sache (siehe oben).

2. Wegnahme
Des Weiteren müsste T das Notebook weggenommen haben.

> **DEFINITION**
> **Wegnahme** ist der Bruch fremden und die Begründung neuen, nicht notwendig tätereigenen, Gewahrsams.

a) Bestehen fremden Gewahrsams
Zunächst müsste fremder Gewahrsam an dem Notebook bestanden haben.

> **DEFINITION**
> **Gewahrsam** ist die tatsächliche Sachherrschaft eines Menschen über eine Sache, getragen von einem natürlichen Herrschaftswillen, wobei deren Vorliegen nach der Verkehrsanschauung zu beurteilen ist.
>
> **Tatsächliche Sachherrschaft** besteht, wenn der unmittelbaren Verwirklichung des Einwirkungswillens auf die Sache keine Hindernisse entgegenstehen.
>
> **Herrschaftswille** ist der Wille, mit der Sache nach eigenem Belieben verfahren zu können.

Vorliegend war Dr. T allerdings alleiniger Gewahrsamsinhaber der Tasche samt darin befindlichem Notebook. Mr. O spricht die Verkehrsanschauung nun erst Recht keinen Gewahrsam mehr zu, denn dieser hat keine Kenntnis darüber, wo sich seine Notebook-Tasche befindet. Da es sich um ein bewegliches Behältnis handelt ändert auch das sich an der Notebook-Tasche befindliche Schloss daran nichts.

Problem: Gewahrsamsverhältnisse am Tascheninhalt

Aufgrund des einvernehmlichen Gewahrsamswechsels von dem Flughafenmitarbeiter F an Dr. T hat auch dieser keinen Gewahrsam mehr an der Tasche samt Inhalt. Mithin ist T Alleingewahrsamsinhaber des Notebooks.

II. ERGEBNIS
Mangels fremden Gewahrsams kann kein Bruch durch Dr. T erfolgen, sodass keine Wegnahme vorliegt und sich Dr. T nicht wegen Diebstahls in besonders schwerem Fall gem. §§ 242 I, 243 I 2 Nr. 2 StGB strafbar gemacht hat.

B. Strafbarkeit des T wegen Unterschlagung gem. § 246 I StGB

T könnte sich jedoch wegen Unterschlagung gem. § 246 I StGB strafbar gemacht haben, indem er das Notebook aus der Tasche an sich nahm.

I. TATBESTAND

1. Tatobjekt: Fremde bewegliche Sache
Bei dem Notebook handelt es sich um eine fremde bewegliche Sache (siehe oben).

2. Zueignung
Des Weiteren müsste sich T das Notebook zugeeignet haben.

DEFINITION
Zueignung ist die Manifestation des Zueignungswillens in objektiv erkennbarer Weise.

a) Zueignungswille
Dazu müsste Dr. T zunächst mit Zueignungswillen gehandelt haben.

> **DEFINITION**
> **Aneignungswille** ist der Wille, die Sache selbst oder den in ihr verkörperten Sachwert wenigstens vorübergehend dem eigenen Vermögen oder dem Vermögen eines Dritten einzuverleiben.
>
> **Enteignungswille** ist der Wille, den Berechtigten auf Dauer aus seiner Eigentümerposition zu verdrängen, d.h. ihm die Sache selbst oder den in ihr verkörperten Sachwert auf Dauer zu entziehen.

Dr. T handelte mit zielgerichteter Absicht hinsichtlich der Aneignung des Notebooks und nahm die dauerhafte Enteignung des Mr. O billigend in Kauf. Folglich handelte T mit Zueignungswillen.

b) Manifestationshandlung

T müsste seinen Zueignungswillen in objektiv erkennbarer Weise manifestiert haben.

Indem Dr. T das Notebook an sich nahm brachte er in äußerlich erkennbarer Weise zum Ausdruck, dass er diese behalten möchte. Somit hat er auch seinen Zueignungswillen manifestiert.

Problem der „wiederholten Zueignung"

Problematisch ist jedoch, dass sich Dr. T das Notebook bereits durch die Mitnahme vom Schalter im Terminal zugeeignet hatte.

Fraglich ist demnach, ob derjenige, der sich eine Sache bereits zuvor zugeeignet hat, durch nochmalige Betätigung des Zueignungswillens, diese sich wiederholt zueignen kann. Dies ist umstritten.

Fallgruppenbezeichnung missverständlich

> **KLAUSURHINWEIS**
> Das Problem der wiederholten Zueignung stellt sich nicht nur, wenn ein Zueignungsdelikt vorangegangen ist. Auch bei anderen zuerst begangenen Vermögensdelikten (z.B. §§ 263, 253, 266) stellt sich die Frage, ob der Täter eine Sache, die er bereits deliktisch erlangt hat, sich ein weiteres Mal zueignen kann.

BGH: Tatbestandslösung
Wohl h.L.: Konkurrenzlösung

Einer Ansicht zufolge ist eine wiederholte Zueignung bereits tatbestandlich nicht möglich, sofern der Täter bereits Eigenbesitz an der Sache begründet hat. Demnach wäre keine zweite Zueignung gegeben.

Einer anderen Ansicht nach ist eine wiederholte Zueignung möglich, tritt allerdings als mitbestrafte Nachtat hinter der ersten Zueignung zurück. Nach dieser Ansicht wäre eine wiederholte Zueignung noch möglich. Die beiden Ansichten führen zu unterschiedlichen Ergebnissen, sodass ein Streitentscheid erforderlich ist.

Für die letztere Ansicht spricht zwar, dass nur so die Möglichkeit der Teilnahme an der zweiten Zueignung besteht. Zudem ist das fortbestehende Eigentum weiterhin schützenswert gegenüber weiteren Verletzungen.

Stellungnahme

Diese Ansicht verkennt jedoch, dass bereits nach dem Wortsinn „Zueignung" die erstmalige Herstellung einer eigentümerähnlichen Herrschaft bedeutet und jede weitere Betätigung des Zueignungswillens nur eine bloße Ausübung dieser Stellung ist. Zudem führt die 2. Ansicht zu einer praktisch unbegrenzten Verlängerung der Verjährungsfristen, da durch jede neue Zueignungshandlung die Verjährung von vorne beginnen würde. Schließlich stellen die §§ 257, 259 und 261 StGB eine abschließende Regelung für die Tatbeteiligten dar, sodass keine Strafbarkeitslücken bestehen. Damit sprechen die besseren Argumente für die 1. Ansicht, sodass bereits tatbestandlich keine Zueignung vorliegt.

II. ERGEBNIS

Dr. T hat sich somit nicht erneut wegen Unterschlagung gem. § 246 I StGB strafbar gemacht.

3. TATKOMPLEX: DIE ONLINE-AUKTION

A. Strafbarkeit des Dr. T wegen Betruges gegenüber und zum Nachteil des K gem. § 263 I StGB durch Verkauf des Notebooks

Durch den Verkauf des Notebooks an K über e-buy könnte sich Dr. T wegen Betrugs gem. § 263 I StGB gegenüber und zum Nachteil des K strafbar gemacht haben.

I. TATBESTAND

1. Täuschung über Tatsachen

Zunächst müsste T den K über Tatsachen getäuscht haben.

> **DEFINITION**
> **Täuschung** ist jede intellektuelle Einwirkung auf das Vorstellungsbild eines anderen, die geeignet ist, eine Fehlvorstellung über Tatsachen hervorzurufen.
>
> Dies kann durch Verfälschung wahrer oder durch Entstellung oder Unterdrückung falscher Tatsachen geschehen.
>
> **Tatsachen** sind alle vergangenen oder gegenwärtigen Zustände oder Geschehnisse, die dem Beweis zugänglich sind.

Konkludente Täuschung über die Stellung als Eigentümer bzw. Verfügungsbefugter

Durch das Einstellen des entsprechenden Angebots hat Dr. T seinen Willen zum Ausdruck gebracht, mit der Person, die den Zuschlag erhält, einen Kaufvertrag über das angebotene Notebook abschließen zu wollen. In einem solchen Angebot zum Vertragsschluss ist stets die konkludente Erklärung der eigenen Leistungsbereitschaft und Leistungsfähigkeit enthalten. Mit dem Angebot des Notebooks hat T also konkludent erklärt, dass er dazu bereit und in der Lage sei, seine Pflichten als Verkäufer aus § 433 I BGB zu erfüllen, dem Käufer des Notebooks also insbesondere mangelfreies Eigentum an diesem zu verschaffen. Vorliegend war Dr. T jedoch nicht der Eigentümer des Notebooks und hatte von diesem auch keine Befugnis zur Verfügung erhalten, sodass er auch nicht die Befugnis besaß, das Notebook an K zu übereignen. Folglich ist eine konkludente Täuschung über Tatsachen gegeben.

2. Täuschungsbedingter Irrtum
Des Weiteren müsste ein täuschungsbedingter Irrtum gegeben sein.

> **DEFINITION**
> **Irrtum** ist jede Fehlvorstellung über Tatsachen.

K glaubte, dass der Anbieter des Notebooks auch dazu befugt sei, diesen an den Käufer zu übereignen. Mithin wurde bei K ein täuschungsbedingter Irrtum erregt.

3. Irrtumsbedingte Vermögensverfügung
Des Weiteren müsste eine irrtumsbedingte Vermögensverfügung seitens des K vorliegen.

> **DEFINITION**
> **Vermögensverfügung** ist jedes Handeln, Dulden oder Unterlassen des Opfers, das sich unmittelbar vermögensmindernd auswirkt.

Vorliegend hat K infolge des Irrtums den Kaufpreis i.H.v. 1.700 € auf das Konto des Dr. T überwiesen, wodurch sein Vermögen unmittelbar gemindert wurde. Eine irrtumsbedingte Vermögensverfügung ist demnach gegeben.

4. Verfügungsbedingter Vermögensschaden
Weiterhin müsste bei K ein verfügungsbedingter Vermögensschaden eingetreten sein.

> **DEFINITION**
> Ein **Vermögensschaden** liegt vor, wenn der Gesamtwert des Vermögens des Opfers durch die Vermögensverfügung verringert wurde.

> **KLAUSURHINWEIS**
> Im Rahmen dieser Gesamtsaldierung ist somit der Wert des Vermögens des Getäuschten vor der Verfügung mit dem Wert des Vermögens nach der irrtumsbedingten Vermögensverfügung zu vergleichen. Eventuelle Schadenskompensationen sind hierbei zu berücksichtigen.

Im Gegenzug für den überwiesenen Kaufpreis i.H.v. 1.700 € erhielt K von Dr. T das ersteigerte Notebook (obj. Wert 2.000 €).

Unstreitig hat K durch die Übersendung den Besitz und den Gewahrsam an dem Notebook erhalten. Fraglich ist, ob Dr. T dem K auch das Eigentum hieran verschaffen konnte. Zwar war Dr. T nicht zur Verfügung über das Notebook befugt (s.o.), sodass ein Erwerb nach § 929 S. 1 BGB ausscheidet. Allerdings kommt ein gutgläubiger Erwerb des K nach §§ 929 S. 1, 932 BGB in Betracht. Dr. T hat das Notebook durch Unterschlagung gem. § 246 I StGB erlangt, nachdem F ihm das Notebook freiwillig herausgab. Aufgrund des Verwahrungsvertrags zwischen Mr. O und F entstand ein Besitzmittlungsverhältnis nach § 868 BGB, sodass es im Rahmen des § 935 BGB auf den Willen des unmittelbar besitzenden F ankam. Demnach liegt auch kein „Abhandenkommen" i.S.d. § 935 BGB vor. Mithin hat K auch das Eigentum an dem Notebook erworben.

Zivilrechtliche Prüfung der Eigentumsverhältnisse

Fraglich ist allerdings ob der lediglich gutgläubige Erwerb vom Nichtberechtigten, einen Vermögensschaden i.S.d. § 263 I StGB darstellt.

„Makeltheorie"

Einer Ansicht zufolge ist das gutgläubig erworbene Eigentum stets mit einem „sittlichen Makel" behaftet, sodass dies immer einen Vermögensschaden darstellt. Demnach wäre vorliegend ein Vermögensschaden gegeben.

Bisherige Rspr.

Einer anderen Ansicht nach ist es in bestimmten Fallgruppen möglich, dass das gutgläubig erworbene Eigentum minderwertig ist und somit – als Unterfall des Gefährdungsschadens – einen Vermögensschaden darstellt.

Unterfall des Gefährdungsschadens/ merkantiler Minderwert

Dies könne sich aus der Gefahr des Ansehensverlustes im sozialen Umfeld, der Gefahr der Strafverfolgung (insbesondere wegen Hehlerei) oder der Gefahr eines Herausgabeprozesses ergeben. Aus diesen Gefahren könne sich eine faktischen Herausgabepflicht bzw. eine Blockierung der wirtschaftlichen Verwertung der Sache (merkantiler Minderwert) ergeben.

Der Irrtum am Schalter wird sich wohlmöglich aufklären, sobald Mr. O von seiner Reise zurück gekehrt ist und seine Notebook-Tasche herausverlangt. Da sich die Tasche des Dr. T mit dem Lehrbuch über innere Medizin noch in Verwahrung befindet, besteht die Möglichkeit, dass dieser ausfindig gemacht wird und sich so der Sachverhalt aufklärt. Demnach liegt auch nach dieser Ansicht ein Vermögensschaden vor.

Generell kein Schaden

Eine weitere Ansicht hält aufgrund der Einheit der Rechtsordnung einen Vermögensschaden bei gutgläubigem Erwerb nicht für möglich. Das gutgläubig erworbene Eigentum sei zivilrechtlich vollwertiges Eigentum, deshalb müsse es auch strafrechtlich als vollwertiger Vermögensbestandteil anerkannt werden. Das Risiko, dass das erworbene Eigentum bestritten wird, sei allgemeines Lebensrisiko, welches durch den gutgläubigen Erwerb nicht signifikant erhöht werde. Nach dieser Ansicht scheidet ein Vermögensschaden aus.

Stellungnahme bzw. aktuelle Rspr.: BGH, 08.06.2011, 3 StR 115/11, 04.06.2013, 2 StR 59/13

Die Meinungen, die zu einer Bejahung des Schadens führen, stützen sich letztlich auf die Fallgruppe des Gefährdungsschadens. Insoweit verlangt aber das BVerfG inzwischen, dass der Gefährdungsschaden beziffert werden kann. Allerdings ist nicht ersichtlich, wie das bestehen eines zivilrechtlichen Prozessrisikos soll beziffert werden können. Folglich kann der bloß gutgläubige Eigentumserwerb nicht mehr als Unterfall des Gefährdungsschadens anerkannt werden. Folglich hat K keinen Vermögensschaden erlitten.

II. ERGEBNIS
Somit hat sich Dr. T nicht wegen Betruges gem. § 263 I StGB strafbar gemacht.

B. Strafbarkeit des Dr. T wegen Unterschlagung gem. § 246 I StGB durch den Verkauf des Notebooks

Dr. T könnte sich zudem wegen Unterschlagung gem. § 246 I StGB strafbar gemacht haben, indem er das Notebook verkaufte.

I. TATBESTAND

1. Tatobjekt: Fremde bewegliche Sache
Bei dem Notebook handelt es sich um eine fremde bewegliche Sache (siehe oben).

2. Zueignung
Des Weiteren müsste sich T das Notebook zugeeignet haben.
Unter Rückgriff auf die oben bereits gegebene Definition der Zueignung und unter Verweis auf den oben bereits dargestellten Streit zur wiederholten Zueignung stellt sich die Frage, ob die Tatsache des gutgläubigen Eigentumserwerbs durch K eine andere rechtliche Bewertung der Tat erfordert.

> **KLAUSURHINWEIS**
> Das Problem der wiederholten Zueignung ist oben bereits dargestellt. Darauf können bzw. müssen Sie (Zeitgründe!) nunmehr zurückgreifen.

Das Problem der wiederholten Zueignung behandelt den Fall, dass der Täter beim Opfer „wiederholt" einen Schaden anrichtet, sich dieser als gleichsam mehrfach einstellt.

Problem: wiederholte Zueignung

Davon weicht der vorliegende Fall ab.

Durch seine bisherigen Verhaltensweisen hat Dr. T beim ursprünglichen Eigentümer O stets „nur" einen Besitzschaden angerichtet. Durch die dingliche Übereignung an K hat dieser nunmehr (gutgläubig) Eigentum erworben. Das führt bei O zu einer „Vertiefung" seines bisherigen Schadens. Statt eines bloß erneuten Besitzschadens hat O nunmehr endgültig sein Eigentum verloren.

Sonderfall: Vertiefung des Schadens

Diese zivilrechtlich bedeutsame Vertiefung des Schadens rechtfertigt es, unabhängig vom Streit zwischen Tatbestands- und Konkurrenzlösung, hier eine Zueignung und damit auch eine Strafbarkeit wegen Unterschlagung zu bejahen.

II. RECHTSWIDRIGKEIT UND SCHULD
Die Tat war auch rechtswidrig und schuldhaft.

III. ERGEBNIS
Somit hat sich Dr. T wegen Unterschlagung gem. § 246 I StGB strafbar gemacht.

> **KLAUSURHINWEIS**
> Achten Sie auf dieses schon klassische Klausurmuster: Nach einem gutgläubigen Eigentumserwerb stellt sich erstens die Frage nach einem Betrug. Nach dessen Ablehnung kommt es dann im Rahmen des § 246 I StGB zum Sonderfall der Schadensvertiefung innerhalb des Problems der wiederholten Zueignung.

C. Strafbarkeit des Dr. T wegen Hehlerei gem. § 259 I StGB durch den Verkauf des Notebooks

Dr. T könnte sich schließlich durch den Verkauf des Notebooks wegen Hehlerei gem. § 259 I StGB strafbar gemacht haben. Als Tatobjekt setzt die Hehlerei jedoch eine Sache voraus, die „ein anderer" gestohlen oder sonst durch eine gegen fremdes Vermögen gerichtete Tat erlangt hat. Vorliegend hatte Dr. T das verkaufte Notebook jedoch selbst durch Unterschlagung nach § 246 I StGB erlangt, sodass dieser als Tatobjekt für eine Hehlerei des Dr. T nicht in Betracht kommt. Dr. T hat sich demnach nicht wegen Hehlerei gem. § 259 I StGB strafbar gemacht.

> **MERKSATZ**
> „Der Stehler ist kein Hehler"

Gesamtergebnis und Konkurrenzen:
Dr. T hat sich wegen Unterschlagung nach § 246 I StGB und wegen einer weiteren Unterschlagung gem. § 246 I StGB strafbar gemacht.
Beide Unterschlagungen stehen zueinander in Tatmehrheit, § 53 StGB.

COMPUTERBETRUG

A. Einführung

Der Computerbetrug, § 263a StGB, verweist in Abs. 2 auf die entsprechende Anwendung der Abs. 2 bis 7 aus § 263 StGB. Folglich gibt es hier wie dort die Qualifikation der bandenmäßigen Begehung, § 263a II i.V.m. § 263 V und Strafzumessungsregeln nach der Regelbeispielsmethode, § 263a II i.V.m. § 263 III. Der Computerbetrug ist ein Offizialdelikt, ausnahmsweise ist gem. § 263a II i.V.m. § 263 IV i.V.m. §§ 247, 248a StGB ein Strafantrag erforderlich.

Die verschiedenen Tatbestände

Der Computerbetrug ist ein eigenständiger Tatbestand.

Geschütztes Rechtsgut ist – ebenso wie in § 263 StGB – ausschließlich das Vermögen, nicht hingegen das nur als Schutzreflex bedeutsame Allgemeininteresse an der Funktionstüchtigkeit der in Wirtschaft und Verwaltung eingesetzten Computersysteme.

Das geschützte Rechtsgut

Abs. 1 formuliert zwar einen selbstständigen Tatbestand, entspricht aber in seiner Struktur weitgehend dem Betrug. Er soll solche Computermanipulationen, die wegen Fehlens der personenbezogenen Betrugsmerkmale Täuschung, Irrtum und Vermögensverfügung nicht vom Betrugtatbestand erfasst werden können, dem Betrug gleichstellen und dadurch empfindliche Strafbarkeitslücken schließen. Deshalb unterscheidet sich der § 263a StGB von § 263 nur insofern, als an die Stelle dieser personenbezogenen Elemente die Voraussetzung tritt, dass ein Datenverarbeitungsvorgang durch näher beschriebene Formen manipulativer Einwirkung in seinem Ergebnis beeinflusst wird. Angestrebt wurde dabei eine möglichst weitgehende Struktur- und Wertgleichheit der beiden Tatbestände und daraus folgend der bloß lückenfüllende Auffangcharakter des Computerbetrugs. Beide Gesichtspunkte sind daher für die Auslegung leitend sein.

Die Tatbestandsvoraussetzungen

§ 263a StGB kommt somit lediglich Auffangcharakter zu und ist gegenüber § 263 StGB grds. subsidiär.

Das Verhältnis zu § 263 StGB

Die Abgrenzung zu § 263 StGB kann im Einzelfall schwierig sein, vornehmlich wenn an einer Vermögensverfügung sowohl ein Datenverarbeitungsvorgang als auch eine natürliche Person mitwirken. Maßgeblich ist dann, ob und inwieweit der natürlichen Person eine Prüfungskompetenz zukommt.

KLAUSURHINWEIS
Sofern eine Strafbarkeit nach § 263 StGB ernsthaft in Betracht kommt, ist also der Betrug im Gutachten immer vorrangig zu prüfen. Keinesfalls darf bzgl. der gleichen Tathandlung zunächst § 263a StGB geprüft und abgelehnt werden, und dann eine Prüfung von § 263 StGB erfolgen.

B. Der Tatbestand des Computerbetrugs, § 263a StGB

PRÜFUNGSSCHEMA

I. Tatbestand
  1. Tathandlung
     a) Unrichtige Gestaltung des Programms, § 263a I 1. Fall
     b) Verwendung unrichtiger oder unvollständiger Daten, § 263a I 2. Fall
     c) Unbefugte Verwendung von Daten, § 263a I 3. Fall
     d) Sonstige unbefugte Einwirkung auf den Ablauf, § 263a I 4. Fall
  2. Beeinflussung des Ergebnisses eines Datenverarbeitungsvorgangs
  3. Vermögensschaden
  4. Kausalität
  5. Vorsatz bzgl. 1. - 4.
  6. Absicht rechtswidriger und stoffgleicher Bereicherung
     a) Bereicherungsabsicht
     b) Stoffgleichheit der beabsichtigten Bereicherung
     c) Rechtswidrigkeit der beabsichtigten Bereicherung
     d) Vorsatz bzgl. Stoffgleichheit und Rechtswidrigkeit der beabsichtigten Bereicherung
II. Rechtswidrigkeit
III. Schuld
IV. Besonders schwerer Fall, §§ 263a II i.V.m. 263 III

I. GRUNDLAGEN

> **KLAUSURHINWEIS**
> Die Unterteilung des Tatbestands in „1. Objektiver Tatbestand" und „2. Subjektiver Tatbestand" wurde hier unterlassen, ist aber weit verbreitet. Wenn dies von Ihrem Prüfer vor Ort gewünscht wird, dann wären die Punkte 1. bis 4. dem objektiven und die Punkte 5. und 6. dem subjektiven Tatbestand zuzuordnen. Beachten Sie aber, dass z.B. unter 6. b die (objektiv zu bestimmende) Stoffgleichheit und unter 6. c. die objektive (!) Rechtswidrigkeit der erstrebten Bereicherung zu prüfen ist, was die Überschrift „2. Subjektiver Tatbestand" an sich schon als fragwürdig erscheinen lässt.

Objektiver und subjektiver Tatbestand

Im Tatbestand des Computerbetrugs werden bestimmte Merkmale des Betrugs, die (mehr oder weniger zwingend) einen Menschen auf Opferseite voraussetzen durch computerspezifische Merkmale ersetzt.

So kann man z.B. im Merkmal „Ergebnis eines Datenverarbeitungsvorgangs" das Korrelat der Verfügung erblicken. Man kann insoweit sprechen von der „Computerverfügung".

„Computerverfügung"

BEISPIELE: Herausgabe des Geldes aus dem Geldautomaten; Ausgabe des Pfandbons am Pfandautomaten.

Die „Beeinflussung" meint die computerspezifischen „Täuschungshandlungen", die in den Tatvarianten 1 bis 4 näher aufgezählt sind.

Die Grundlagen des Computerbetrugs werden im Folgenden zunächst am Einführungsfall „Billig eingekauft?" herausgearbeitet.

FALL 9: BILLIG EINGEKAUFT?
Problemschwerpunkt: Der Selbst-Scan-Fall

SACHVERHALT

Während seines Aufenthalts in Hollywood hat T seine Leidenschaft für die Promiwelt entdeckt. Seit jeher kauft er sich regelmäßig das Prominenten-Magazin „Celebrity-World" im Heidelberger Altstadtkiosk für 5,- €. Am nächsten Erscheinungstermin begab sich T zum Heidelberger Altstadtkiosk, der von O betrieben wird. Dort nahm er sich das Magazin „Celebrity-World" aus dem Regal und ging zur Selbstbedienungskasse.

Fall nach OLG Hamm, 08.08.2013, 5 RVs 56/13, RA 2013, 805

Er scannte allerdings nicht den auf der „Celebrity-World" befindlichen Barcode ein, sondern hielt den zuvor von der Tageszeitung „Heidelbergidylle" ausgerissenen Barcode, welchen er in seiner Hosentasche mit sich führte, unter das Lesegerät. Daraufhin zeigte die Kasse den Preis für die „Heidelbergidylle" i.H.v. 1,20 € an, den T auch bezahlte. Im Anschluss wurde er vom Ladendetektiv, der den gesamten Vorgang beobachtete, angesprochen.

Hat sich T durch sein Verhalten wegen Computerbetrugs gem. § 263a I StGB zum Nachteil des O strafbar gemacht?

LÖSUNG

A. Strafbarkeit des T gem. § 263a I StGB zum Nachteil des O

T könnte sich wegen Computerbetruges gem. § 263a I StGB zum Nachteil des O strafbar gemacht haben, indem er den Barcode der Zeitung „Heidelbergidylle" scannte und deren Preis bezahlte, jedoch das teurere Magazin „Celebrity-World" mitnahm.

I. TATBESTAND

1. Tathandlung
Das Verhalten des T müsste eine der in § 263a I StGB aufgeführten Tathandlungen verwirklichen.

a) Unrichtige Gestaltung des Programms, § 263a I 1. Var. StGB
Das Einscannen des Barcodes der „Heidelbergidylle" könnte eine unrichtige Gestaltung des Programms der Selbstbedienungskasse darstellen.

1. Variante: Nötig: Umgestaltung des Programms

> **DEFINITION**
> Das unrichtige Gestalten eines Programms i.S.d. § 263a I 1 1. Var. StGB umfasst das Neuschreiben, Verändern oder Löschen ganzer Programme oder jedenfalls einzelner Programmteile. Unrichtig ist ein Programm, wenn nicht ein dem Zweck der jeweiligen Datenverarbeitung entsprechendes, objektiv zutreffendes Ergebnis entsteht.

Eine entsprechende programmliche Umgestaltung des Selbstbedienungsgeräts fand durch das Einscannen der „Heidelbergidylle" jedoch nicht statt, sodass das Verhalten des T keine unrichtige Gestaltung des Programms i.S.d. § 263a I 1. Var. StGB darstellt.

b) Verwendung unrichtiger oder unvollständiger Daten, § 263a I 2. Var. StGB

Möglicherweise könnte T unrichtige oder unvollständige Daten verwendet haben, § 263a I 2. Var. StGB.

> **DEFINITION**
> **Unrichtig** sind die Daten, wenn der durch sie vermittelte Informationsgehalt keine Entsprechung in der Wirklichkeit hat.
>
> **Unvollständig** sind die Daten, wenn sie den betreffenden Lebenssachverhalt nicht hinreichend erkennen lassen
>
> **Verwendet** sind die Daten, wenn sie in ein Datenverarbeitungsgerät eingebracht werden.

2. Variante: Fälle der sog. „Inputmanipulation"

Das Verwenden unrichtiger oder unvollständiger Daten erfasst folglich Fälle, in denen eingegebene Daten in einen anderen Zusammenhang gebracht oder unterdrückt werden, wobei eine Programmgestaltung unrichtig bzw. unvollständig ist, wenn sie bewirkt, dass die Daten zu einem Ergebnis verarbeitet werden, das inhaltlich entweder falsch ist oder den bezeichneten Sachverhalt nicht ausreichend erkennen lässt, den Computer also „täuscht".

T scannte vorliegend den Barcode der lokalen Zeitung ein. Über das Einscannen des Barcodes wird der Kaufpreis der „Heidelbergidylle" richtig und vollständig angezeigt. Dieser angezeigte Kaufpreis wurde auch von T entrichtet. Mithin hat T keine unrichtigen oder unvollständigen Daten verwendet.

c) Unbefugte Verwendung von Daten, § 263a I 3. Var. StGB

Möglicherweise könnte T jedoch Daten unbefugt verwendet haben.

aa) Verwendung von Daten

Zunächst müsste T Daten verwendet haben.

> **DEFINITION**
> **Daten** i.S.d. § 263a I StGB sind alle codierbaren Informationen, unabhängig vom Verarbeitungsgrad. Sie werden jedenfalls dann verwendet, wenn sie in einen Datenverarbeitungsvorgang eingegeben werden.

Achtung: Nicht identisch mit dem Begriff aus § 202a II StGB

Indem T den Barcode der „Heidelbergidylle" einscannte, verwendete er Daten i.S.d. § 263a I StGB.

bb) Unbefugte Verwendung

Weiterhin müsste T diese Daten unbefugt verwendet haben. Streitig ist allerdings, was unter einer unbefugten Verwendung zu verstehen ist.

sog. computerspezifische Auslegung

Einer Ansicht zufolge wird von einer unbefugten Verwendung eine manipulierende, d.h. programmwidrige Benutzung umfasst. Vorliegend wurde die Selbstbedienungskasse mit dem darin befindlichen Scangerät von T allerdings ordnungsgemäß und nicht etwa programmwidrig genutzt, sodass demnach eine unbefugte Verwendung i.S.d. § 263a I StGB ausscheidet.

sog. subjektive Auslegung

Einer anderen Auffassung zufolge ist diejenige Verwendung unbefugt, die dem wirklichen oder mutmaßlichen Willen des Rechtsgutsträgers widerspricht. Dies ist insbesondere dann der Fall, wenn der Täter das Gerät unter vertraglich nicht gestatteten Umständen nutzt. Dem Willen des O widerspricht es, Artikel einzuscannen, die nicht gekauft werden. Folglich würde dieser Ansicht nach eine unbefugte Verwendung durch T vorliegen.

h.M.: sog. betrugsnahe, bzw. betrugsspezifische Auslegung
Literaturhinweise zur h.M.: BGH NJW 2008, 1394; OLG Hamm, 5 RVs 56/13; Fischer, § 263a Rn 11

Einer weiteren Ansicht nach ist die Verwendung von Daten als „unbefugt" anzusehen, wenn sie Täuschungsäquivalenz besitzt, d.h. wenn das Verhalten gegenüber einer gedachten natürlichen Person täuschungscharakter hätte. Insoweit muss auf das Vorstellungsbild einer natürlichen Person abgestellt werden, die sich ausschließlich mit den Fragen befasst, die auch der Computer „prüft". Das Lesegerät einer Selbstbedienungskasse zeigt lediglich den in dem Barcode festgelegten Kaufpreis an, ohne zu prüfen, ob auch tatsächlich die dem Barcode zugewiesene Ware bezahlt und mitgenommen wird. Folglich würde auch ein „fiktiver Kassierer" nur eine derart eingeschränkte Prüfung vornehmen und deshalb über den eingelesenen Preis der „Heidelbergidylle" nicht getäuscht. Dieser Ansicht zufolge ist eine unbefugte Datenverwendung ebenfalls nicht gegeben.

Stellungnahme

Die Ansichten führen zu unterschiedlichen Ergebnissen, sodass ein Streitentscheid erforderlich ist. Gegen die subjektive Auslegung spricht, dass diese beispielsweise durch die Verwendung von AGBs die Konzipierung eines Rahmenstrafrechts ermöglicht und demnach reine

Vertragswidrigkeiten pönalisiert werden könnten. Die anderen Ansichten kommen vorliegend zum gleichen Ergebnis, sodass ein weiterer Streitentscheid entbehrlich ist.

> **MERKSATZ**
> Sollten in einer Klausur „computerspezifische" und „betrugsnahe" Auslegung zu unterschiedlichen Ergebnissen gelangen, so spricht entschieden für die betrugsnahe Auslegung, dass § 263a StGB vom Gesetzgeber geschaffen wurde, *um eine Strafbarkeitslücke i.R.d. Betrugs zu füllen*. Es ist daher eine „täuschungsgleiche Handlung" als Tatmodalität in Anlehnung an § 263 StGB zu fordern.

Demnach handelte T nicht unbefugt i.S.d. § 263 I 3. Var. StGB.

d) Sonstige unbefugte Einwirkung auf den Ablauf, § 263a I 4. Var. StGB
T könnte jedoch in sonstiger Weise unbefugt auf den Ablauf des Datenverarbeitungsvorgangs eingewirkt haben.

> **MERKSATZ**
> Das sonstige unbefugte Einwirken auf den Ablauf erfasst solche strafwürdige Maßnahmen, die nicht unter Var. 1-3 fallen.

Das Einscannen des Barcodes der „Heidelbergidylle" beinhaltet jedoch keine Einwirkung auf den Ablauf, d.h. auf das Programm oder den Datenfluss. Folglich ist auch keine sonstige unbefugte Einwirkung auf den Ablauf gegeben.

2. Ergebnis
Mangels Vorliegen einer der Tathandlungen hat sich T nicht wegen Computerbetrugs gem. § 263 a I StGB strafbar gemacht.

> **KLAUSURHINWEIS**
>
> Das Verhalten des T erfüllt allerdings den Tatbestand des Diebstahls gem. § 242 I StGB. Hierbei ist zu beachten, dass zwar mit dem Aufstellen von Selbstbedienungskassen ein generelles Einverständnis in einen Gewahrsamsübergang erklärt wird, weil gerade kein Kassenpersonal zur Verfügung steht, das den einzelnen Kauf- und Zahlungsvorgang abwickeln soll. Allerdings ist unter Berücksichtigung der Verkehrsanschauung und hier namentlich der berechtigten Geschäftsinteressen des Verkäufers zu unterstellen, dass dieser sein **Einverständnis nur unter der Bedingung** erteilt, dass die Selbstbedienungskasse **äußerlich ordnungsgemäß bedient** wird. Hierzu gehört unzweifelhaft das korrekte Einscannen und Bezahlen der tatsächlich zur Selbstbedienungskasse mitgebrachten Ware. Weiterhin gilt es zu beachten, dass die Beobachtung durch den Detektiv die Gewahrsamserlangung nicht ausschließt, weil der Diebstahl gem. § 242 I StGB Heimlichkeit gerade nicht voraussetzt. Die mitverwirklichte Unterschlagung gem. § 246 I StGB an dem Magazin tritt hinter dem schwerer bestraften Diebstahl zurück, § 246 I StGB a.E.

Andere nehmen hier einen Betrug an und vergleichen den Fall mit demjenigen, wo der Täter auf die Ware ein falsches Preisschild aufklebt und die Kassiererin den falschen Preis kassiert. Diese Parallele ist aufgrund des Selbst-Scannens aber zweifelhaft.

FALLENDE

II. VERTIEFENDE HINWEISE

Der Tatbestand des Computerbetrugs taucht im Regelfall in den „Kleinen Scheinen" bzw. der Zwischenprüfung nur bzgl. des Basiswissens auf. Deshalb werden jetzt nur noch ein paar Hinweise zur Vertiefung gegeben, falls „vor Ort" doch mit einer näheren Prüfung des § 263a StGB gerechnet werden muss.

1. Die „Inputmanipulation" der 2. Variante

BGH, 20.12.2011, 4 StR 491/11

Hier kann z.B. die Geltendmachung einer tatsächlich nicht bestehenden Forderung im Mahnverfahren eine Rolle spielen. Sofern eine Bearbeitung durch den Rechtspfleger erfolgt, will der BGH einen Betrug annehmen. Der Rechtspfleger habe das sachgedankliche Mitbewusstsein, dass die Angaben eines Antragstellers in tatsächlicher Hinsicht der Wahrheit entsprechen. Dies folge daraus, dass er bei offensichtlich unbegründeten Forderungen den Mahnbescheid nicht erlassen dürfe.

Die Lehre sieht dies verbreitet anders, da sich der Rechtspfleger wegen § 691 I ZPO über das Bestehen der Forderung keine Gedanken mache.

BGH, 19.11.2013, 4 StR 292/13, RA 2014, 156

Sofern eine Bearbeitung im automatisierten Verfahren erfolgt, kommt § 263a I 2. Var. StGB in Betracht.

2. Die „unbefugte Verwendung" der 3. Variante

Der „Klassiker" ist insoweit der Fall, dass der Nichtberechtigte mit der fremden EC-Karte und der fremden PIN Geld vom Geldautomaten abhebt und für sich verwendet. Nach allen o.g. Ansichten zum Merkmal „unbefugt" liegt insoweit § 263a I 3. Var. StGB vor.

Problematisch ist eher, ob auch der Berechtigte sich strafbar macht, wenn er – wissend, dass er keine Mittel mehr zur Verfügung hat – sein Girokonto überzieht.

Nach der herrschenden betrugsspezifischen Auslegung ist § 263a I 3. Var. StGB zu verneinen. Der Berechtige „täuscht" nicht konkludent über seine Kontodeckung. Anders die subjektive Theorie, da der Berechtigte den Girovertrag verletze und daher „unbefugt" handeln würde. Dem kann nicht gefolgt werden, da die bloße Verletzung eines zivilrechtlichen Vertrags alleine keine Strafbarkeit begründen kann.

Geldautomaten-Fälle

Die Folgefrage ist dann, ob ein Fall des Kreditkartenmissbrauchs, § 266b StGB, gegeben ist. Insoweit ist zu differenzieren:

Wird das Geld vom Berechtigten am Geldautomaten der Hausbank abgehoben, scheidet § 266b StGB schon aus, weil dieser ein Drei-Personen-Verhältnis voraussetzt.

Erfolgt die Abhebung am Geldautomaten einer Fremdbank, kommt nach einem älteren BGH-Urteil § 266b StGB zur Anwendung, weil zu Gunsten der Fremdbank (bzw. des Verkäufers bei Einkauf und Bezahlung mit PIN) ein Garantievertrag zustande komme, was den Aussteller der Karte schädige. Die EC-Karte sei der Kreditkarte gleichzusetzen.

In der aktuellen Literatur wird dies mehr und mehr bestritten, da die EC-Karte schon vom Wortlaut her keine „Kreditkarte" sei.

Fall des § 266b StGB?

BGH, NJW 2002, 905

RAUB UND (RÄUBERISCHE) ERPRESSUNG

A. Einführung

Die verschiedenen Tatbestände

Die Erpressung, § 253 StGB, ist das Grunddelikt der Qualifikation der räuberischen Erpressung, § 255 StGB. § 249 StGB und § 252 StGB sind Grundtatbestände der qualifizierenden Normen der §§ 250, 251 StGB. Gleiches gilt für § 255 StGB. Somit ist § 255 StGB einerseits Qualifikation des § 253 StGB, andererseits aber auch Grunddelikt der §§ 250, 251 StGB.

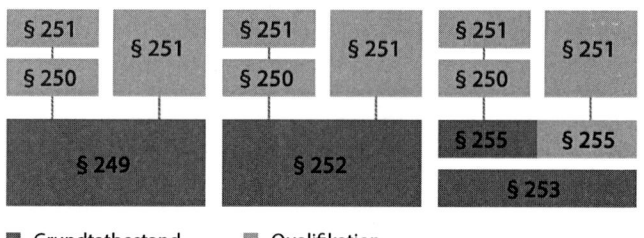

■ Grundtatbestand   ■ Qualifikation

MERKSATZ
Die Formulierung bei §§ 252, 255, dass der Täter „gleich einem Räuber" bestraft wird, bedeutet erstens, dass der Strafrahmen des Raubes gilt und zweitens, dass auch alle Qualifikationen des Raubes anwendbar sind.

§ 250 StGB ist eine echte Qualifikation, § 251 StGB ist eine sog. Erfolgsqualifikation.
Die §§ 249, 252, 255 StGB sind Verbrechen, können also versucht werden. Gleichfalls gibt es den Versuch der Beteiligung an einem Verbrechen, § 30 StGB. Alle genannten Delikte sind stets Offizialdelikte. Die Regelungen über die Strafantragserfordernisse, §§ 247, 248a StGB, sind nicht anwendbar.

Raub, § 249 StGB, räuberische Erpressung, § 255 StGB, und der räuberische Diebstahl, § 252 StGB, schützen im weitesten Sinne das Vermögen. Zusätzlich weisen diese Delikte noch eine Nötigungskomponente auf, weshalb auch zusätzlich immer ein Angriff auf die Willensentschließungsfreiheit gegeben ist.

Das geschützte Rechtsgut

Zwar schützen alle genannten Delikte das Vermögen. Allerdings sind Raub und räuberischer Diebstahl insoweit enger gefasst, da sie es – im Unterschied zur räuberischen Erpressung – nicht genügen lassen, dass ein bloßer Vermögensnachteil beim Opfer eintritt. Vielmehr verlangen beide Delikte – wie der einfache Diebstahl – eine Wegnahme in Zueignungsabsicht und schützen damit das Eigentum. Hinzu kommt, wie oben schon erwähnt, der Angriff auf die Willensentschließungsfreiheit.

§§ 249, 252 StGB verdrängen den einfachen Diebstahl, auch wenn dieser qualifiziert sein sollte.

Das Verhältnis zu anderen Delikten

Die Nötigung, § 240 StGB, und die Bedrohung, § 241 StGB, werden von §§ 253, 255, 249, 252 StGB verdrängt.

Mitverwirklichte Körperverletzungen oder gar vorsätzliche Tötungen stehen zu allen genannten Delikten in Tateinheit, § 52 StGB.

§ 316a StGB, der räuberische Angriff auf einen Kraftfahrer, ist ein eigenständiger Tatbestand, der „zeitlich" schon nicht mit den genannten Delikten zusammenfällt, da dieser bloß verlangt, dass der Angriff auf den Kraftfahrer „zur Begehung" (also der geplanten Begehung) der §§ 249, 252, 255 StGB durchgeführt wird.

Gleiches gilt für die §§ 239a, 239b StGB, bei denen die Entführung bzw. Bemächtigung begangen wird „um ... zu" Erpressen (§ 239a StGB) bzw. eine Handlung, Duldung oder Unterlassung des Opfers zu erreichen.

B. Der Tatbestand der Erpressung, § 253 StGB

PRÜFUNGSSCHEMA

I. Tatbestand
 1. Nötigungsmittel
  a) Gewalt
  b) Drohung mit einem empfindlichen Übel
 2. Opferreaktion
 3. Vermögensnachteil
 4. Kausalität 1. – 2. und 2. – 3.
 5. Vorsatz bzgl. 1. bis 4.
 6. Absicht rechtswidriger und stoffgleicher Bereicherung
  a) Bereicherungsabsicht
  b) Stoffgleichheit der beabsichtigten Bereicherung
  c) Rechtswidrigkeit der beabsichtigten Bereicherung
  d) Vorsatz bzgl. b. und c.
II. Rechtswidrigkeit
 1. Keine Rechtfertigung
 2. Verwerflichkeit gem. § 253 II
III. Schuld
IV. Besonders schwerer Fall, § 253 IV

I. GRUNDLAGEN

Die Tatbestandsvoraussetzungen

Der Täter muss durch den Einsatz eines qualifizierten Nötigungsmittels eine Handlung, Duldung oder Unterlassung des Opfers hervorrufen. Diese muss beim Opfer zu einem Vermögensnachteil führen. Subjektiv muss der Täter neben dem Vorsatz auch die Absicht rechtswidriger und stoffgleicher Bereicherung haben.

Für die qualifizierten Nötigungsmittel Gewalt und Drohung mit einem empfindlichen Übel gelten die Ausführungen zur Nötigung im Pocket BT 2 entsprechend.

Die Frage nach der Notwendigkeit einer Vermögensverfügung

Im Rahmen der Opferreaktion ist streitig, ob jede Handlung, Duldung oder Unterlassung des Opfers ausreicht, oder ob die Opferreaktion zusätzlich als ungeschriebenes Tatbestandsmerkmal – wie beim Betrug – eine Vermögensverfügung verlangt. Dies hat Auswirkungen auf das Verhältnis zum Raub und wird im Fall „Aktienspekulationen und ihre Folgen" näher behandelt.

DEFINITION
Ein **Vermögensnachteil** liegt vor, wenn der Gesamtwert des Vermögens des Opfers durch die Tat verringert wurde.

Der für eine (räuberische) Erpressung erforderliche Vermögensnachteil muss Ergebnis einer das Opfer nötigenden Gewaltausübung oder Drohung durch den Täter sein. Auch bei der (räuberischen) Erpressung bedarf es – wie beim Raub – eines finalen Zusammenhangs, der dort zwischen dem Einsatz des Nötigungsmittels und dem erstrebten Vermögensvorteil bestehen muss.

Finalzusammenhang

An dieser Stelle sind – ebenso wie beim Betrug – die unterschiedlichen **Vermögensbegriffe** von Relevanz.

Vermögensbegriffe

BEISPIEL: Hat sich T gem. § 253 StGB strafbar gemacht, wenn er dem Dieb D einen Teil von dessen Beute abpresst?

Nein nach dem juristisch-ökonomischen Vermögensbegriff, ja nach dem rein wirtschaftlichen Vermögensbegriff.

Subjektiv muss der Täter vorsätzlich und mit der Absicht rechtswidriger und stoffgleicher Bereicherung handeln. Insoweit wird auf die Ausführungen zum Betrug verwiesen, die für die Erpressung entsprechend gelten.
Wenn der Täter mit Nötigungsmitteln die Rückzahlung einer begründeten Forderung durchsetzt, kommt mangels Rechtswidrigkeit der Bereicherung nur § 240 StGB in Betracht.
Das Merkmal „rechtswidrig" stellt kein Tatbestandsmerkmal dar. Vielmehr weist es – in überflüssiger Weise – auf die in der Rechtswidrigkeit notwendige Prüfung der allgemeinen Rechtfertigungsgründe und der sog. „Verwerflichkeitsklausel" in Abs. 2 hin.

Zur Verwerflichkeitsklausel Näheres bei der Nötigung im Pocket BT 2.

II. VERTIEFUNG: SICHERUNGSERPRESSUNG
Ist der Vermögensnachteil bereits durch eine vorher begangene Tat eingetreten und soll dieser durch die Anwendung des (qualifizierten) Nötigungsmittels nur gesichert werden, liegt eine sog. **„Sicherungserpressung"** vor.

BEISPIEL: T hat O durch Betrug eine Sache abgeschwindelt. Als O dies bemerkt, will O sich die Sache wiederholen. T droht O Schläge an, wenn er sich nicht „verdrücke".

Parallele: Sicherungsbetrug

Im parallelen Fall des Sicherungsbetrugs wird in einem derartigen Fall der Tatbestand des Betrugs zwar bejaht (obwohl es eigentlich keinen wirtschaftlich messbaren „zusätzlichen" Schaden gibt), jedoch soll dieser Betrug dann auf der Ebene der Konkurrenzen als mitbestrafte Nachtat zurücktreten.

Kein Schaden bei der Sicherungserpressung

Demgegenüber wird im Fall der Sicherungserpressung bereits das Vorliegen eines Schadens - und somit der Tatbestand - verneint. Dies liegt u.a. daran, dass die „Sicherungserpressung" häufig die Voraussetzungen des § 255 StGB erfüllen würde. Dieser wäre als Verbrechen jedoch häufig härter bestraft als der „zuerst" verwirklichte Tatbestand, dessen Beute nun bloß gesichert werden soll. Das härter bestrafte Delikt könnte jedoch kaum als mitbestrafte Nachtat zurücktreten. Zusätzlich droht, dass die Anwendung des § 255 StGB auf derartige Fälle den § 252 StGB leerlaufen lassen würde. § 255 StGB verlangt nämlich im Unterschied zu § 252 StGB keine „Absicht, sich im Besitz des erlangten Gutes zu erhalten" und kein Betroffensein „auf frischer Tat". Im Beispiel hat sich T also durch die Androhung der Schläge nur wegen Nötigung, § 240 StGB, strafbar gemacht.

C. Die Qualifikation der räuberischen Erpressung, § 255 StGB

Qualifizierter Nötigungsdruck

Die räuberische Erpressung ist die Qualifikation der Erpressung. Der Unterschied liegt darin, dass bei § 255 StGB der Nötigungsdruck auf das Opfer dadurch erhöht wird, dass sich die Drohungen bzw. die Gewalthandlungen des Täters gegen die körperliche Unversehrtheit des Opfers richten.

BEISPIEL 1: T verlangt von O 500,- €, weil er ihm sonst sein iPad kaputt mache.

BEISPIEL 2: T verlangt von O 500,- €, weil er ihm sonst „auf die Schnauze" hauen werde.

Gewalt gegen Dritte

In Beispiel 1 liegt eine Erpressung, in Beispiel 2 eine räuberische Erpressung vor. Wird die Gewaltanwendung hingegen einem Dritten angedroht, liegt nur dann § 255 vor, wenn sich der Genötigte für den Bedrohten verantwortlich fühlen muss.

BEISPIEL 3: Beim Banküberfall bedroht der Täter eine Arbeitskollegin der hinter Panzerglas stehenden Kassiererin mit der Schusswaffe und verwirklicht dadurch § 255 und nicht bloß § 253.

D. Der Tatbestand des Raubes, § 249 StGB

I. EINFÜHRUNG

Der Tatbestand des Raubes, § 249 StGB, schützt das Eigentum vor Wegnahmehandlungen, die mit Gewalt gegen eine Person oder durch Drohungen mit gegenwärtiger Gefahr für Leib und Leben ermöglicht wurden.

Der Tatbestand des Raubes ist ein sog. „zusammengesetztes" (oder auch „zweiaktiges") Delikt, welches sich aus einer Nötigungskomponente und einer Diebstahlskomponente zusammensetzt. Beide Komponenten müssen durch eine finale Verknüpfung verbunden sein. Der Täter muss also die Nötigungsmittel einsetzen, um dadurch die Wegnahme zu ermöglichen. Kausalität ist insoweit nicht erforderlich.

Finalzusammenhang

Der Raub verlangt die gleichen Nötigungsmittel wie § 255 StGB. Die Drohung, ansonsten einen Sachschaden anzurichten, reicht deshalb z.B. auch für einen Raub nicht aus.

PRÜFUNGSSCHEMA

I. **Tatbestand**
   1. **Raubmittel**
      a) **Gewalt gegen eine Person**
      b) **Drohung mit gegenwärtiger Gefahr für Leib oder Leben**
   2. **Fremde bewegliche Sache**
   3. **Wegnahme**
   4. **Vorsatz bzgl. 1. bis 3.**
   5. **Finalzusammenhang**
   6. **Absicht rechtswidriger Zueignung**
      a) **Zueignungsabsicht**
      b) **Rechtswidrigkeit der beabsichtigten Zueignung**
      c) **Vorsatz bzgl. b.**
II. **Rechtswidrigkeit**
III. **Schuld**

II. DER FINALZUSAMMENHANG

Als neu zu erklärendes Tatbestandsmerkmal taucht hier jetzt nur der Finalzusammenhang auf und dieser bereitet bei § 249 StGB oftmals Probleme.

Finalzusammenhang verlangt keinen Kausalzusammenhang

Die Gewalt oder die Drohung müssen Mittel zur Ermöglichung der Wegnahme sein, nicht nur bloße Begleiterscheinungen (nicht bloß „bei Gelegenheit") der Tat. Es muss auch kein Kausalzusammenhang zwischen dem Einsatz der Nötigungsmittel und der Wegnahme bestehen. Es reicht aus, wenn aus der Sicht des Täters eine finale Verknüpfung zwischen Nötigung und Wegnahme dergestalt besteht, dass der Gewahrsamsbruch durch Ausschaltung eines geleisteten oder erwarteten Widerstands ermöglicht oder zumindest erleichtert werden soll.

Hieran fehlt es, wenn der Täter Gewalt anwendet und sich erst danach zur Wegnahme entschließt. Dies gilt selbst dann, wenn die Wirkungen der Gewalt noch andauern und der Täter dies ausnutzt.

BEISPIEL: Um sich abzureagieren hat T den O bewusstlos geschlagen. Danach erblickt T die Uhr das O. T nimmt dem bewusstlosen O die Uhr weg.

Zu bejahen ist der Finalzusammenhang hingegen, wenn sich Täter während einer Drohung zur Wegnahme entschließt.

Besonders prüfungsrelevant ist der Fall, dass der Täter das Opfer zunächst fesselt und sich erst dann entschließt, der bereits gefesselten Person etwas zu entwenden. In diesem Fall ist streitig, ob dies als Raub, als Raub durch Unterlassen gem. § 13 StGB oder nur als Diebstahl gem. §§ 242 I, 243 I 2 Nr. 6 StGB einzuordnen ist. Es spricht einiges dafür, hier eine Gewalt durch Unterlassen zu bejahen, da der Täter die fortwirkende Gewalt der Fesseln zur Wegnahme ausnutzt. Allerdings wird hiergegen angeführt, dass der Raub eine Gewalttätigkeit mit dem Ziel der Erlangung der Sache voraussetze. Diese „Tätigkeit" des Täters fehle jedoch, weshalb die Begehung der Tat durch ein Unterlassen nicht derjenigen durch ein Tun i.S.d. § 13 StGB entspreche.

Problem: Raub (Gewalt) durch Unterlassen

E. Die Qualifikation des § 250 StGB

§ 250 StGB hat zwei Absätze, die einen unterschiedliche hohen Strafrahmen zur Verfügung stellen.

I. BANDE
Hinsichtlich der Banden-Qualifikation des § 250 I Nr. 2 StGB wird auf die Ausführungen zum Diebstahl verwiesen.

II. WAFFEN, GEFÄHRLICHE UND SONSTIGE WERKZEUGE

1. Beisichführen und verwenden
Bei § 250 I Nr. 1 StGB geht es um das Bei-Sich-Führen von Waffen, anderen gefährlichen und sonstigen Werkzeugen. Das Beisichführen setzt nicht voraus, dass der Täter das Werkzeug anfänglich zum Tatort mitbringt. Auch erst vor Ort ergriffene Werkzeuge führt der Täter bei sich. Dies gilt selbst dann, wenn es sich dabei um die Beute selbst (z.B. einen Messerblock) handelt. *Bei-Sich-Führen*

Hingegen stellt § 250 II Nr. 1 StGB die Verwendung von Waffen und gefährlichen Werkzeugen (nicht die Verwendung sonstiger Werkzeuge) unter härtere Strafandrohung. Der Strafschärfungsgrund des § 250 II Nr. 1 liegt darin, dass es **tatsächlich zum Einsatz** eines mitgeführten gefährlichen Werkzeugs als **Nötigungsmittel** kommt. Dabei wird gefordert, dass das gefährliche Tatmittel zur Verwirklichung der raubspezifischen Nötigung, der Ermöglichung der Wegnahme, eingesetzt wird. *Verwendung*

Eine Verwendung in diesem Sinne wird nur angenommen, wenn das Opfer die z.B. Waffe auch bemerkt. Sofern dies nicht der Fall ist, kommt aber eine Bestrafung des Täters wegen Versuchs in Betracht. *Opfer muss die Waffe bemerken*

2. Die Tatmittel
Waffen sind solche im Sinne des Waffengesetzes.

Gefährliche Werkzeuge sollten nach dem Willen des Gesetzgebers solche i.S.d. § 224 I Nr. 2 sein. Im Rahmen der Verwendungs-Variante kann insoweit auf die Ausführungen im Pocket BT 2 verwiesen werden.

Problematisch ist jedoch im Rahmen des Absatz 1, dass dieser das „Bei-Sich-Führen" ausreichen lässt, wohingegen sich die Gefährlichkeit des Werkzeugs bei § 224 I Nr. 2 nach der konkreten Art seiner Verwendung bestimmt. *Restriktive Auslegung beim Bei-Sich-Führen eines gefährlichen Werkzeugs*

BEISPIEL 1: T führt beim Raub (parallel beim Diebstahl, § 244 I Nr. 1) einen Kugelschreiber mit sich. An sich könnte er seinem Opfer damit auch ins Auge stechen.

Insofern ist eine einschränkende Auslegung zur Korrektur dieses Fehlers des Gesetzgebers nötig. Viele Autoren verlangen im Rahmen des

Beisichführens eine subjektive Komponente, z.B. eine Verwendungsabsicht oder einen Verwendungsvorbehalt. Da jedoch nur die Tatvariante des „sonstigen Werkzeugs (Absatz 1 Nr. 1 b) eine subjektive Komponente aufweist („um Widerstand zu verhindern"), meint der BGH, dass eine objektive Bestimmung im Einzelfall erfolgen müsse.

BEISPIEL 2: Führt der Täter ein Taschenmesser bei der Tat mit sich, muss er nach BGH-Rechtsprechung mit einer Verurteilung gem. § 244 I Nr. 1b bzw. 250 I Nr. 1b rechnen.

Sonstige Werkzeuge Scheinwaffen

Sonstige Werkzeuge sind z.B. Fesselungswerkzeuge (Strick, Stromkabel, Kabelbinder), aber auch sog. Scheinwaffen (Attrappen).
Dabei sind Scheinwaffen nur solche Gegenstände, die in der Lage wären, beim Opfer den Eindruck einer echten Waffe hervorzurufen, wenn man dem Opfer diesen Gegenstand vorhalten würde.

BEISPIELE: Hieran fehlt es z.B. bei einem in den Rücken gedrückten Labello, einem unter dem Pulli verborgenen Plastikrohr oder bei einer in der Jackentasche verborgenen durchsichtigen Wasserpistole. Streitig ist dies bei einer angeblich in einer Sporttasche versteckten Bombe.

Ob auch eine sukzessive Qualifikation in Betracht kommt, also eine Qualifikation in der Phase zwischen Voll- und Beendigung, ist streitig, sprengt aber den Rahmen eines Pockets.

F. Die Erfolgsqualifikation des § 251 StGB

Leichtfertigkeit als erhöhte Fahrlässigkeitsanforderung

§ 251 StGB ist eine Erfolgsqualifikation. Hinsichtlich der Todesfolge ist ein Vorsatz des Täters nicht nötig, aber natürlich (Wortlaut „wenigstens") ausreichend. Wenigstens muss der Täter leichtfertig gehandelt haben.

> **DEFINITION**
> **Leichtfertig** handelt, wer die sich ihm aufdrängende Möglichkeit eines tödlichen Verlaufs aus besonderem Leichtsinn oder aus besonderer Gleichgültigkeit außer Acht lässt.

Wegen des hohen Strafrahmens sind Erfolgsqualifikationen restriktiv auszulegen. Dies geschieht über das ungeschriebene Merkmal des Unmittelbarkeitszusammenhangs (andere nennen dies „spezifischen Gefahrzusammenhang"). Für § 251 bedeutet dies: Die spezifische Gefährlichkeit kann nach h.M. alleine aus der Tathandlung (z.B. besonders brutale Form der Gewaltanwendung) resultieren. Sofern das Opfer „an der Wegnahme" sterben sollte (z.B. Raub des für das Opfer lebenswichtigen Medikaments), scheidet § 251 nach h.M. aus. Hätte der Gesetzgeber auch solche Fälle erfassen wollen, hätte er auch einen „Diebstahl mit Todesfolge" regeln müssen, was aber nicht der Fall ist. Neben § 249 kommen aber – je nach Vorsatz – die §§ 211, 212, 227, 222 in Betracht.

Unmittelbarkeitszusammenhang

G. Die Abgrenzung von Raub und räuberischer Erpressung

Die Abgrenzung von Raub und räuberischer Erpressung gehört zu den absoluten Prüfungs-Klassikern im BT. Die zentrale Frage ist, ob der Tatbestand der Erpressung – parallel zum Tatbestand des Betrugs – um das ungeschriebene Tatbestandsmerkmal der „Vermögensverfügung" zu ergänzen ist.

Zentrales Problem: Ist bei § 253 eine Vermögensverfügung nötig?

Nach einer sehr starken Meinung in der Literatur ist dies zu bejahen. Parallel zum Betrug schädige sich bei der Erpressung das Opfer selbst, in dem es – nötigungsbedingt – einen Vermögenswert herausgebe. Nach dieser Ansicht schließen sich folglich die Wegnahme bei § 249 und die Verfügung bei §§ 253, 255 wechselseitig aus. Raub und Erpressung treten dadurch in ein Exklusivitätsverhältnis (sog. Exklusivitätstheorie).

Exklusivitätstheorie: § 253 ist dem § 263 vergleichbar

Demgegenüber geht vor allem der BGH davon aus, dass – parallel zur Nötigung – jedes Handeln, Dulden oder Unterlassen des Opfers als Opferreaktion bei § 253 ausreicht. Hiernach ist jede Wegnahme (§ 249) immer auch eine „Duldung" der Wegnahme (§§ 253, 255). Da in der Zueignungsabsicht in aller Regel auch eine Bereicherungsabsicht liegt, wird der Raub ein spezieller Fall der (räuberischen) Erpressung (sog. Spezialitätstheorie).

Spezialitätstheorie: § 253 ist dem § 240 vergleichbar

Alle Details und Hinweise zum Gutachten entnehmen Sie bitte dem folgenden Fall.

SACHVERHALT

FALL 10: AKTIENSPEKULATIONEN UND IHRE FOLGEN
Problemschwerpunkt: Abgrenzung §§ 249, 255; Scheinwaffe

T hat seit langem einige größere finanzielle Sorgen. Sein ganzes Geld hat er durch Aktienspekulationen verloren. Nachdem keiner seiner Freunde oder Familienangehörigen ihm Unterstützung zusagte, kam ihm die Idee, eine besonders umsatzstarke Tankstelle zu überfallen.

Am darauffolgenden Tag betritt T maskiert die besagte Tankstelle in der Marburger Innenstadt und brüllt: „Überfall! Geld her!". Dabei knallt er seine verschlossene Sporttasche auf den Tisch, in welche er zwei Backsteine gelegt hat. Parallel dazu hält er drohend sein Handy hoch und sagt zur Tankstelleninhaberin O, die an der Kasse steht: „In der Sporttasche ist eine Bombe und mein Handy ist die Fernzündung dafür! Wenn du meinen Anweisungen nicht folgst, dann gibt's hier gleich ein Feuerwerk!" O nimmt die Drohung aufgrund des rabiaten Auftretens des T ernst.

Im nächsten Moment sagt T zu O, sie solle von der Kasse zurücktreten, was sie auch sofort tut. T greift über den Tresen, öffnet die Kasse, entnimmt die dort befindlichen Geldscheine und haut mit der Beute ab.

Strafbarkeit des T?

Bearbeitervermerk: §§ 239a, 239b, 240 und 123 StGB sind nicht zu prüfen.

LÖSUNG

A. Strafbarkeit des T gem. §§ 249 I, 250 I Nr. 1 a, b, II Nr. 1 StGB

T könnte sich wegen schweren Raubes gem. §§ 249 I, 250 I Nr. 1 a, b, II Nr. 1 StGB strafbar gemacht haben, indem er die Tankstelleninhaberin O mittels seiner Sporttasche und seinem Handy bedrohte und anschließend das in der Kasse befindliche Geld entnahm und flüchtete.

I. TATBESTAND

1. Fremde bewegliche Sachen
Zunächst müsste es sich bei den Geldscheinen um fremde bewegliche Sachen handeln.

> **DEFINITION**
> **Sache** ist jeder körperliche Gegenstand iSv § 90 BGB.
> **Beweglich** ist eine Sache, wenn sie tatsächlich fortgeschafft werden kann.
> **Fremd** ist eine Sache, wenn sie (nach bürgerlichem Recht) zumindest auch im Eigentum einer anderen Person steht.

Die Geldscheine sind körperliche Gegenstände i.S.d. § 90 BGB die auch tatsächlich fortbewegt werden können. Sie stehen im Alleineigentum der O und sind somit für T fremd. Folglich handelt es sich bei den Geldscheinen um für T fremde bewegliche Sachen.

2. Wegnahme

Des Weiteren müsste T die Geldscheine weggenommen haben.

> **DEFINITION**
> **Wegnahme** ist der Bruch fremden und die Begründung neuen, nicht notwendig tätereigenen, Gewahrsams.

Mithin verlangt eine Wegnahme i.S.d. § 249 I StGB jedenfalls einen Übergang des Gewahrsams vom Opfer auf den Täter oder einen Dritten.

> **DEFINITION**
> **Gewahrsam** ist die tatsächliche Sachherrschaft eines Menschen über eine Sache, getragen von einem natürlichen Herrschaftswillen, wobei deren Vorliegen nach der Verkehrsanschauung zu beurteilen ist.
> **Tatsächliche Sachherrschaft** besteht, wenn der unmittelbaren Verwirklichung des Einwirkungswillens auf die Sache keine Hindernisse entgegenstehen.
> **Herrschaftswille** ist der Wille, mit der Sache nach eigenem Belieben verfahren zu können.

Ursprünglich hatte O Gewahrsam an den sich in ihrer Kasse befindlichen Geldscheinen. Dieser ist durch die Entnahme aus der Kasse und dem Entfernen vom Tatort auf T übergegangen. Mithin liegt ein Gewahrsamsübergang auf T vor.

Ob auch ein Bruch des Gewahrsams vorliegt hängt ab vom Verhältnis und der Abgrenzung des § 249 StGB vom Tatbestand der §§ 253, 255 StGB.

Abgrenzung § 249 und § 253 StGB

Es wird insoweit die Ansicht vertreten, dass § 253 StGB betrugsähnlich ist, mithin beide Tatbestände strukturgleiche Selbstschädigungsdelikte darstellen, bei denen das Opfer dazu gebracht wird, etwas herauszugeben. Folglich ist entsprechend dem Tatbestand des § 263 StGB eine Vermögensverfügung nötig, sodass zwischen § 249 StGB und §§ 253, 255 StGB ein Exklusivitätsverhältnis besteht. Die Abgrenzung erfolgt dieser Ansicht zufolge nach der inneren Willensrichtung des Opfers. Eine Wegnahme liegt demnach vor, wenn dem Opfer nach seiner Vorstellung keine Wahlmöglichkeit bleibt, den Gewahrsamswechsel zu verhindern. Eine Vermögensverfügung liegt nur dann vor, wenn ein gewahrsamsbegründendes Mitwirken des Opfers erforderlich ist, um die Vermögensschädigung herbeizuführen und sich das Opfer auch dessen bewusst ist, d.h. dem Opfer aus seiner Sicht noch eine Wahlmöglichkeit verbleibt.

Vorliegend nahm sich T die Geldscheine selbst aus der Kasse. Mithin konnte er ohne weiteres auf das Geld zugreifen, sodass ein gewahrsamsbegründendes Mitwirken der O nicht notwendig war, um in den Besitz des Geldes zu gelangen. Dessen war sich die O auch bewusst. Mithin liegt nach dieser Auffassung keine Vermögensverfügung, sondern eine Wegnahme vor.

Einer anderen Ansicht zufolge ist § 253 StGB schon vor dem Hintergrund des anfangs gleichen Wortlauts nötigungsähnlich. Wegnahme ist hiernach eine besondere Form der Duldung i.S.d. § 253 StGB, sodass Raub den Spezialtatbestand darstellt, wohingegen § 253 den Auffangtatbestand bildet. Die Abgrenzung erfolgt dieser Ansicht zufolge nach dem äußeren Erscheinungsbild des Gebens oder Nehmens.

T nahm sich die Geldscheine selbst aus der Kasse, sodass nach dieser Ansicht ebenfalls eine Wegnahme und keine Weggabe vorliegt, der Streitentscheid demnach entbehrlich ist.

3. Raubmittel: Drohung mit gegenwärtiger Gefahr für Leib und Leben

Weiterhin müsste T der O mit einer gegenwärtigen Gefahr für Leib und Leben gedroht haben.

DEFINITION
Unter einer **Drohung** ist das Inaussichtstellen eines künftigen Übels zu verstehen, auf dessen Eintritt der Täter Einfluss hat oder zu haben vorgibt. Empfindlich ist das angedrohte Übel dann, wenn es so erheblich ist, dass seine Ankündigung geeignet ist, einen besonnenen Menschen zu dem vom Täter begehrten Verhalten zu bestimmen.

Vorliegend betritt T die Tankstelle mit den Worten „Überfall! Geld her!", stellt eine Sporttasche auf den Tisch, hält sein Handy hoch und sagt zu O, dass sich in der Sporttasche eine Bombe befinde, die er mit seinem Handy auslösen kann und werde, wenn seinen Anweisungen nicht Folge geleistet wird.

Dass der Täter die Drohung tatsächlich nicht realisieren kann, da sich in der Sporttasche lediglich Backsteine befinden, ist unerheblich, da es bereits ausreicht, dass der Täter vorgibt, Einfluss auf den Eintritt des Übels zu haben.

Mithin stellt das Verhalten des T eine Drohung mit einer gegenwärtigen Gefahr für Leib und Leben der O dar.

4. Vorsatz bzgl. aller objektiven Tatbestandsmerkmale

T handelte vorsätzlich hinsichtlich aller objektiven Tatbestandsmerkmale.

5. Finalzusammenhang

Des Weiteren müsste der notwendige Finalzusammenhang zwischen Raubmittel und Wegnahme bestehen. Die Drohung diente aus Sicht des Täters der Ermöglichung der späteren Wegnahme des Geldes.

6. Absicht rechtswidriger Zueignung

Schließlich müsste T auch mit der Absicht gehandelt haben, sich die Geldscheine rechtswidrig zuzueignen.

> **DEFINITION**
>
> Die **Zueignungsabsicht** beinhaltet zwei Komponenten. Die Absicht zur zumindest vorübergehenden Aneignung und den (Eventual-) Vorsatz zur dauerhaften Enteignung. Diese müssen kumulativ vorliegen, damit eine Zueignungsabsicht bejaht werden kann.
>
> **Aneignungsabsicht** ist die Absicht, die Sache selbst oder den in ihr verkörperten Sachwert wenigstens vorübergehend dem eigenen Vermögen oder dem Vermögen eines Dritten einzuverleiben.
>
> **Enteignungswille** ist der Wille, den Berechtigten auf Dauer aus seiner Eigentümerposition zu verdrängen, d.h. ihm die Sache selbst oder den in ihr verkörperten Sachwert auf Dauer zu entziehen.

T wollte sich die Geldscheine unter dauerndem Ausschluss der O in das eigene Vermögen einverleiben. Er hat keinen berechtigten Anspruch auf das Geld, was ihm auch bekannt ist.

7. Vorliegen von Qualifikationsmerkmalen gem. § 250 II Nr. 1 StGB

Möglicherweise könnte T durch das Verwenden der Sporttasche die Qualifikation des § 250 II Nr. 1 StGB verwirklicht haben. Dazu müsste es sich bei der Sporttasche um ein anderes gefährliches Werkzeug handeln.

> **DEFINITION**
>
> Unter einem **gefährlichen Werkzeug** versteht man einen körperfremden Gegenstand, der nach seiner objektiven Beschaffenheit und nach der Art seiner Verwendung im Einzelfall geeignet ist, erhebliche Körperverletzungen zuzufügen.

Die von T verwendete Sporttasche ist objektiv nicht gefährlich, sodass die Qualifikation des § 250 II Nr. 1 StGB ausscheidet.

8. Vorliegen von Qualifikationsmerkmalen gem. § 250 I Nr. 1 a StGB

Aus denselben Gründen wie unter Prüfungspunkt 7. Scheidet auch das Vorliegen der Qualifikation des § 250 I Nr. 1 a StGB aus.

9. Vorliegen von Qualifikationsmerkmalen gem. § 250 I Nr. 1 b StGB

Möglicherweise könnte das Vorgehen mit der Sporttasche den Tatbestand des § 250 I Nr. 1 b StGB erfüllen. Dazu müsste T ein Werkzeug oder Mittel bei sich geführt haben, um den Widerstand einer anderen Person durch Gewalt oder Drohung mit Gewalt zu verhindern oder zu überwinden.

Aufgrund der Differenzierung in „gefährliches Werkzeug" und „sonstiges Werkzeug" in § 250 I StGB kommt es iRd § 250 I Nr. 1 b StGB nicht auf eine objektive Gefährlichkeit an. Ob ein mitgeführter Gegenstand als Mittel oder Werkzeug in diesem Sinne angesehen werden kann bestimmt sich somit nach der Art des konkret beabsichtigten Einsatzes.

Die Sporttasche enthielt vorliegend lediglich zwei Backsteine und das Handy war auch bloß ein gewöhnliches Mobiltelefon und kein Fernzünder einer Bombe, sodass sie objektiv nicht geeignet war, Verletzungen verursachen zu können. Es handelt sich somit um eine sog. Scheinwaffe.

§§ 244 I Nr. 1 b, 250 I Nr. 1 b StGB erfassen auch und insbesondere diese sog. Scheinwaffen. Darunter fallen Gegenstände, die tatsächlich keine Verletzungen verursachen können, deren Verletzungstauglichkeit der Täter somit nur vortäuscht.

> **KLAUSURHINWEIS**
> Unstreitig fallen Scheinwaffen seit dem 6. StrRG, insbesondere aufgrund der eindeutigen Differenzierung zwischen „gefährlichem" und „sonstigem" Werkzeug, unter die §§ 244 I Nr. 1 b, 250 I Nr. 1 b StGB.

§ 250 I Nr. 1 b StGB erfasst hingegen keine Gegenstände, die vom äußeren Erscheinungsbild her offensichtlich ungefährlich sind, bei denen der Eindruck einer Gefährlichkeit, mithin die Drohungswirkung bloß und ausschließlich auf einer ergänzenden, täuschenden verbalen Vorspiegelung der Gefährlichkeit durch den Täter beruht.

Ist für einen objektiven Beobachter die Gefährlichkeit der vom Täter verwendeten Gegenstände, die er täuschend als „Bombe" bezeichnete, überhaupt nicht einzuschätzen, kommt hingegen eine Strafbarkeit in Betracht.

Fraglich ist, wie es sich im vorliegenden Fall verhält. Man könnte der Ansicht sein, die Sporttasche sei aus der Sicht eines objektiven Betrachters offensichtlich ungefährlich und der Einschüchterungseffekt sei beim Opfer erst durch die Erklärung des Täters entstanden, dass sich in der Sporttasche eine Bombe befinde. Demnach würde die Einschüchterung maßgeblich auf der täuschenden Erklärung des Täters beruhen, sodass die Sporttasche als Scheinwaffe ausscheide.

BGH, NStZ 1997, 184 (sog. Labello-Fall), BGH, HRRS 2007 Nr. 206

BGH, 18.08.2010, 2 StR 295/10, RA 2010, 679, JuS 2011, 757; Beck/Konstantinou, famos 9/2011

Wie im Labello-Fall, Hecker, JuS 2011, 757, 759; Satzger, JK 3/11, StGB § 250 I/13

Dem ist jedoch entgegenzuhalten, dass Koffer, die an Bahnhöfen oder Flughäfen herrenlos herumstehen, in der Praxis regelmäßig aufgrund der Kofferbomben-Gefahr, zu Räumungen des gesamten Gebäudes führen. Dies spricht entschieden dafür, dass die objektive Ungefährlichkeit einer Sporttasche, insbesondere in Verbindung mit einem Handy, nicht erkennbar ist. Der äußere Augenschein der von T verwendeten Gegenstände gab demnach keinen Anhaltspunkt dafür, ob die Behauptung des T über die Gefährlichkeit zutraf oder nicht. Mithin liegt eine Scheinwaffe vor.

> Im Vergleich zum Labello-Lippenpflegestift: ein herrenloser Labello wird wohl kaum zur Räumung eines Flughafens führen.

T handelte diesbezüglich auch vorsätzlich und wollte hiermit den Widerstand anderer Personen durch Drohung mit Gewalt verhindern.
Demgemäß hat T auch die Qualifikation des § 250 I Nr. 1 b StGB verwirklicht.

II. RECHTSWIDRIGKEIT UND SCHULD
Das handeln des T war auch rechtswidrig und schuldhaft.

III. ERGEBNIS
Mithin hat sich T wegen schweren Raubes gem. §§ 249 I, 250 I Nr. 1 b StGB strafbar gemacht.

B. Strafbarkeit des T wegen schwerer räuberischer Erpressung gem. §§ 253 I, 255, 250 I Nr. 1 b StGB

Durch die Bedrohung der Tankstelleninhaberin O mittels seiner Sporttasche und seinem Handy und anschließender Entnahme des Geldes aus der Kasse der O könnte sich T zudem wegen schwerer räuberischer Erpressung gem. §§ 253 I, 255, 250 I Nr. 1 b StGB strafbar gemacht haben.
Fraglich ist allerdings, ob dies tatbestandlich möglich ist.
Einer Ansicht zufolge scheidet eine Strafbarkeit gem. §§ 253 I, 255, 250 I Nr. 1 b StGB bereits tatbestandlich aufgrund des bestehenden Exklusivitätsverhältnisses zwischen § 253 StGB und § 249 StGB aus.
Einer anderen Ansicht nach ist eine Strafbarkeit gem. §§ 253 I, 255, 250 I Nr. 1 b StGB tatbestandlich zwar möglich, wird jedoch vom Raub als lex specialis verdrängt.

> **FALLENDE**

Eine Streitentscheidung kann dahinstehen, da dies für den Tenor des Urteils nicht relevant ist. Das Vorliegen von § 52 StGB wird nicht vertreten.

H. Der räuberische Diebstahl

I. EINFÜHRUNG

Beim Raub wird das qualifizierte Nötigungsmittel eingesetzt, um die Wegnahme zu ermöglichen. Im Gegensatz dazu wird beim räuberischen Diebstahl das qualifizierte Nötigungsmittel eingesetzt, um den bereits erlangten Gewahrsam an der fremden Sache zu verteidigen.

> **MERKSATZ**
> Raub und räuberischer Diebstahl unterscheiden sich also vor allem in der zeitlichen Abfolge von qualifiziertem Nötigungsmittel und Wegnahme.

§ 252 bestraft die beutesichernde Nötigung

Da der Täter des § 252 StGB „gleich einem Räuber" bestraft wird, gilt für ihn nicht nur der Strafrahmen des Raubes, sondern es gelten auch die Qualifikationen der §§ 250, 251 StGB.

Prüfungsschema: Räuberischer Diebstahl, § 252 I StGB

PRÜFUNGSSCHEMA

I. Tatbestand
   1. Taugliche Vortat
   2. Auf frischer Tat betroffen
   3. Raubmittel
      a) Gewalt gegen eine Person
      b) Drohung mit gegenwärtiger Gefahr für Leib oder Leben
   4. Vorsatz bzgl. 1. bis 3.
   5. Besitzerhaltungsabsicht
II. Rechtswidrigkeit
III. Schuld

II. DIEBSTAHL ALS VORTAT

Der Täter muss bei „einem Diebstahl" betroffen sein. Damit scheiden z.B. die §§ 246, 253, 263 StGB als Vortaten aus. Ob auch der Raub ein „Diebstahl" i.S.d. § 242 StGB ist, wird meist zu lapidar mit dem Hinweis darauf bejaht, dass § 249 StGB den § 242 StGB ja impliziert. Hier stellt sich allerdings noch das Problem, ob eine sog. „sukzessive Qualifikation" des Raubes möglich ist. Wenn ja, würde der Raub über die Vollendung hinaus bis zur

Problem: Raub als „Diebstahl" i.S.d. § 252

Beendigung die Basis für eventuelle Qualifikationen liefern können. Ein an den Raub anknüpfender räuberischer Diebstahl wäre dann gar nicht mehr „nötig". Dieses Thema sprengt jedoch den Rahmen dieses Pockets.

> **MERKSATZ**
> Sofern der Diebstahl nicht vollendet ist, kommt ein Versuch des § 252 nur in Betracht, wenn der Täter irrig meint, er habe bereits weggenommen.

III. AUF FRISCHER TAT BETROFFEN

Diebstahl muss vollendet sein

Dass der Diebstahl vollendet aber noch nicht beendet ist, sich also in der „Beutesicherungsphase" befindet, ist alleine nicht ausreichend. Der Täter muss vielmehr „auf frischer Tat betroffen" sein.
Nach der Beendigung kommt nur noch eine Nötigung, § 240 StGB, in Betracht.

Frische Tat nötig

Nötig ist ein „raum-zeitliches Zusammentreffen" am Tatort.
In **räumlicher** Hinsicht muss der Täter entweder am Tatort selbst oder in dessen unmittelbarer Nähe betroffen sein. Längere Zäsuren, z.B. eine „Zwischenlagerung" der Beute in einem vorübergehenden Versteck oder eine längere Fahrt vom Tatort (mit dem Kofferraum voll Beute), können die Frische der Tat entfallen lassen.

Betroffen

> **MERKSATZ**
> **Betroffen** ist der Täter jedenfalls stets dann, wenn er wahrgenommen wird, also durch Sehen oder Hören bemerkt worden ist, was auch vor Vollendung der Wegnahme geschehen kann. Wer den Täter betrifft, ob das Opfer oder ein Dritter, ist unerheblich. Irrelevant ist auch, ob der Täter als Tatverdächtiger wahrgenommen wird oder nicht.

Problem: Täter kommt den Betroffenwerden zuvor

Ob ein Betroffensein auch vorliegt, wenn der Täter dem Betroffenwerden z.B. durch schnelles Zuschlagen **zuvorkommt**, also gar nicht wahrgenommen wird, ist streitig. Nach BGH ist ein sinnliches Wahrnehmen nicht erforderlich, genügen soll jedes raum-zeitliche Zusammentreffen. Dies ist rechtspolitisch zwar einleuchtend, im Hinblick auf den Wortlaut aber problematisch und muss der in Klausur sorgfältig begründet werden.

IV. BESITZERHALTUNGSABSICHT

Subjektiv muss der Täter – zusätzlich zum Vorsatz – mit der Absicht handeln, sich im Besitz des gestohlenen Gutes zu erhalten. Die Absicht der Gewahrsamsbehauptung muss nicht der einzige oder dominierende Beweggrund des Täters gewesen sein; es reicht aus, wenn sie durch andere Motive, insbesondere die Fluchtabsicht begleitet wird, ohne von dieser verdrängt zu werden. Die Beutesicherung muss aber mit Absicht im Sinne zielgerichteten Wollens verfolgt werden.

Bloße Fluchtsicherung genügt nicht

> **MERKSATZ**
> Ist die Sicherung der Beute eine bloße „Begleiterscheinung" der beabsichtigten Flucht des Diebes vor seiner Festnahme, liegt keine Beutesicherungsabsicht vor.

BEISPIEL: Täter T hat die Beute in die Hosentasche gesteckt und flieht vor dem Sicherheitspersonal. Während der Flucht kann er die Beute, da sie in der Hosentasche ist, schwerlich fallen lassen oder gar aus der Tasche herausholen und wegwerfen. Wenn T nur flieht, um seiner Festnahme zu entgehen, war bei erfolgreicher Flucht die Sicherung der Beute eine „notwendige Begleiterscheinung", aber von T gerade nicht beabsichtigt.

Für § 252 gelten alle Raub-Qualifikationen (§§ 250, 251), da er „gleich einem Räuber" bestraft wird.

STICHWORTVERZEICHNIS

B

Betrug

Diebstahl (Abgrenzung)	58, 60
Dreiecksbetrug	50, 52
Einführung	40
Eingehungs- und Erfüllungsbetrug	42
Gefährdungsschaden	54, 84
Geschäftsgrundlage	51
Grundlagenfall	43
gutgläubiger Erwerb	55, 84
konkludente Täuschung	49, 51, 74, 82
Makeltheorie	55, 84
notwendiges Zwischenziel	48
persönlicher Schadenseinschlag	46, 56
Prozessbetrug	53
Prüfungsschema	41
Sicherungsbetrug	100
soziale Zweckverfehlung	57
Unmittelbarkeit	60
Unterlassen	52, 74
Vermögensbegriffe	54
Vermögensschaden	46
Zweifel	45

C

Computerbetrug

Computerverfügung	89
Einführung	87
Geldautomaten-Fall	95
Grundlagenfall	89
Mahnverfahren	94
Prüfungsschema	88
Selbst-Scan-Fall	90
unbefugt	92

D

Diebstahl

Bande	37
Beobachtung der Tat	27
Betrug (Abgrenzung)	58, 60
Containern (Dereliktion)	25
Drogen als Tatobjekt	20
Einführung	1
Einverständnis	28
Gewahrsam Bewusstloser	23
Gewahrsam (Schlüsselinhaber)	72, 79
Gewahrsamsenklave	24, 26, 64
Gewahrsamssphäre	27
Mitgewahrsam	28

Prüfungsschema	3
Regelbeispiel	8
Sachwerttheorie	33, 36
Selbst-Scan-Fall	94
Tank-Fälle	14
Wegnahme	5
Winkelschleifer-Fall	65
Zahngold-Fälle	15
Zueignungsabsicht	6, 29, 32
Drogen als Tatobjekt bei § 242	**20**

E

Erpressung	
Einführung	96
Finalzusammenhang	99
Prüfungsschema	98
Sicherungserpressung	99
Vermögensbegriffe	99
Vermögensverfügung	98

G

Gefährliche Werkzeuge	**103**
Geldautomaten-Fall	**95**
Gewahrsam	
Bewusstlose	23
Gewahrsamsenklave	**26**

H

Hehlerei	**86**

M

Mahnverfahren	**94**

R

Raub	
Einführung	96, 101
Finalzusammenhang	102
Gefährliche Werkzeuge	103
mit Todesfolge	104
Prüfungsschema	101
räuberische Erpressung (Abgrenzung)	105
Scheinwaffe	110
schwerer (Qualifikation)	102
Unterlassen	102
räuberische Erpressung	
Qualifikation	100
Raub (Abgrenzung)	105
räuberischer Diebstahl	
Besitzerhaltungsabsicht	115
Einführung	113
frische Tat	114
Prüfungsschema	113
Regelbeispiel	
Prüfungsschema	8

S

Scheinwaffe	**110**
Störung der Totenruhe	**20**

T

Tank-Fälle	**14**

U

untauglicher Versuch
Wahndelikt (Abgrenzung) 19
Unterschlagung
Einführung 66
Manifestationstheorien 68
Prüfungsschema 67
wiederholte Zueignung 56, 80
wiederholte Zueignung
(Schadensvertiefung) 85
Zueignung 68

V

Vermögensbegriffe **54, 99**

W

Wahndelikt
untauglicher Versuch
(Abgrenzung) 19

Z

Zahngold-Fälle **15**